本书是以下项目的阶段性成果：

1. 教育部人文社会科学重点研究基地重庆工商大学长江上游经济研究中心
2. "三峡库区百万移民安稳致富国家战略"服务国家特殊需求博士人才培养项目
3. 重庆市社科规划项目"重庆全面融入共建'一带一路'和长江经济带研究"（2020YBZX14）

新时代长江经济带高质量发展研究

XINSHIDAI
CHANGJIANG JINGJIDAI
GAOZHILIANG FAZHAN YANJIU

易淼　刘斌　李月起　等／著

中国财经出版传媒集团
经济科学出版社
Economic Science Press

图书在版编目（CIP）数据

新时代长江经济带高质量发展研究／易淼等著．—北京：
经济科学出版社，2021.7
 ISBN 978-7-5218-2491-9

Ⅰ.①新… Ⅱ.①易… Ⅲ.①长江经济带-区域经济
发展-研究 Ⅳ.①F127.5

中国版本图书馆 CIP 数据核字（2021）第 066717 号

责任编辑：周胜婷
责任校对：孙　晨
责任印制：王世伟

新时代长江经济带高质量发展研究
易　淼　刘　斌　李月起　等著
经济科学出版社出版、发行　新华书店经销
社址：北京市海淀区阜成路甲 28 号　邮编：100142
总编部电话：010-88191217　发行部电话：010-88191522
网址：www.esp.com.cn
电子邮箱：esp@esp.com.cn
天猫网店：经济科学出版社旗舰店
网址：http://jjkxcbs.tmall.com
北京季蜂印刷有限公司印装
710×1000　16 开　12 印张　200000 字
2021 年 7 月第 1 版　2021 年 7 月第 1 次印刷
ISBN 978-7-5218-2491-9　定价：68.00 元
（图书出现印装问题，本社负责调换。电话：010-88191510）
（版权所有　侵权必究　打击盗版　举报热线：010-88191661
QQ：2242791300　营销中心电话：010-88191537
电子邮箱：dbts@esp.com.cn）

前　　言

　　党的十八大以来，长江经济带建设作为党中央作出的重大决策，是关系国家发展全局的重大战略，对实现"两个一百年"奋斗目标、实现中华民族伟大复兴的中国梦具有重要意义。毋庸置疑，推动新时代长江经济带发展已经成为中国特色社会主义政治经济学面临的一项重大命题。2014年4月28日，李克强同志在重庆召开长江经济带11省市座谈会，研究依托黄金水道建设长江经济带问题。同年9月12日，国务院发布《关于依托黄金水道推动长江经济带发展的指导意见》，标志着长江经济带建设上升为国家战略。习近平同志着眼于中国特色社会主义发展全局，高度重视流域经济高质量发展，分别于2016年1月5日、2018年4月26日和2020年11月14日，在长江上游的重庆、长江中游的武汉和长江下游的南京，先后主持召开三次长江经济带发展座谈会。

　　2020年11月14日在南京召开的第三次长江经济带发展座谈会上，习近平同志再次强调，推动长江经济带发展是党中央作出的重大决策，是关系国家发展全局的重大战略。同时，习近平同志强调，要坚定不移贯彻新发展理念，推动长江经济带高质量发展，谱写生态优先绿色发展新篇章，打造区域协调发展新样板，构筑高水平对外开放新高地，塑造创新驱动发展新优势，绘就山水人城和谐相融新画卷，使长江经济带成为我国生态优先绿色发展主战场、畅通国内国际双循环主动脉、引领经济高质量发展主力军。因此，立足新发展阶段，贯彻新发展理念，构建新发展格局，以推动高质量发展为主题，构成了长江经济带建设的时代背景。

　　在新发展阶段，长江经济带将成为贯彻落实新发展理念、构建新发展格局、引领高质量发展的主力军。经过长期的建设,长江经济带已经取得引人瞩目的发展成就,在中国发展中占有举足轻重的战略地位。但是与此同时,长江经济带面临着发展中新生成的问题域,亟待破解"发展起来以后的问题",以促进生态效益、经济效益、社会效益协同提升。在此背景下,本书旨在结合贯彻新发展理念和构建新发展格局的具体要求,探讨新时代长江经济带高质量发展。具体而言:一方面,结合"创新、协调、绿色、开放、共享"五个维度,定位长江经济带建设着力解决的现实问题,探讨长江经济带建设在创新发展、协调发展、绿色发展、开放发展、共享发展等方面如何实现新作为;另一方面,坚持用全面、辩证、长远的眼光展望我国"十四五"乃至更长时期的发展趋势,结合"双循环"新发展格局的构建来确立长江经济带高质量发展的战略举措。除此以外,本书还将结合国家治理视角,探讨以国家治理现代化推动长江经济带高质量发展,进而发挥上层建筑积极作用的可行路径。

本书紧扣新发展理念和新发展格局,借助马克思主义政治经济学基本理论和现代经济学分析工具,深入探讨新时代长江经济带高质量发展。首先,将相关分析扎根于马克思主义政治经济学的理论基础之上。进而,紧扣"创新、协调、绿色、开放、共享"新发展理念,分别从五个维度切入,系统展开对新时代长江经济带高质量发展的现实叩问,将新发展理念贯穿于长江经济带高质量发展的具体分析中。在此基础上,结合以国内大循环为主体、国内国际双循环相互促进的新发展格局的构建,从构建市场化、法治化、国际化的营商环境视角切入,探讨新时代长江经济带高质量发展的基础条件。最后,结合国家治理现代化,探讨新时代长江经济带的治理路径。依据这一逻辑思路,本书共分为八章。

第1章为本书研究的理论基础。准确把握长江流域纵贯古今的发展和长江经济带令人瞩目的繁荣,需要我们借助马克思主义政治经济学的科学理论。本章对长江经济带发展进行了马克思主义政治经济学的解读。具体而言,本章从马克思主义流域分工的理论视角理解长江经济带的孕育与生成,并在中国特色社会主义政治经济学的语境中把握新时代长江经济带发展。

第 2 章分析了新时代长江经济带的创新发展。本章选取长江经济带 108 个地级市的宏观统计数据建立计量经济学模型，实证考察长江经济带创新发展对经济增长的影响，并针对长江上、中、下游三个地区进行了异质性分析，实证研究发现：从总体来看，长江经济带技术创新的进步推动了区域内经济增长，但这种作用主要体现在长江上游地区，在长江下游地区与中游地区的作用尚不够显著；长江经济带内资的积累、交通运输能力的提升和城镇化的发展对整体经济增长起到了推动作用。本章从技术创新投入、技术创新制度、内循环下的内资积累以及企业生产的转型升级等方面，提出了促进长江经济带创新发展的对策建议。

第 3 章分析了新时代长江经济带的协调发展。本章运用产品空间理论对于长江经济带产业协调发展问题进行了定量探讨。首先以可视化空间图刻画长江经济带各省市产业发展的演进过程，分析长江经济带比较优势产业、产品密度及产品复杂度等方面的发展情况，然后针对产品密度和产品复杂度对长江经济带产业协调发展的影响进行实证检验，得出长江经济带产品空间有较强的自稳定性，整体依循比较优势发展路径。因此，未来长江经济带应将遵循比较优势作为基本发展路径，建立区域内部差异化发展的协同发展机制，以提升产品密度及产品复杂度为发展重点，以创新驱动高新技术产业发展为发展突破口，强化政府引导和市场协调的保障作用，以促进长江经济带整体协调发展。

第 4 章分析了新时代长江经济带的绿色发展。当前仍未根本转变的传统发展方式加剧了长江经济带生态利益关系矛盾，使得长江经济带绿色发展诉求日益强烈。在此背景下，推进新时代长江经济带绿色发展的本质要求是促进生态利益关系格局新均衡。因此，应全面加强党对推进长江经济带绿色发展工作的领导，以生产方式和生活方式的绿色化变革助推生态利益整合，以生态利益整合促进生态利益关系格局新均衡，从而推进新时代长江经济带绿色发展。

第 5 章分析了新时代长江经济带的开放发展。本章从开放发展视角出发，基于长江经济带各地级市数据，运用 PVAR 模型实证分析长江经济带外商直接投资、产业集聚与制造业污染之间的关系。实证研究发现：尽管单纯的制造业集聚会对生态环境产生不利影响，但是在外商直接投资的调节作用下，产业集聚能够显著降低长江经济带制造业的环境污染；外商直接投资水平的提升亦有利于减轻长江流域地区制造业污染；制造业污染对产业集聚和外商直接投资没有明显的反馈影响效应。因此，应该积极引导制造产业空间合理布局，持续引进高质量的外商直接投资，依托开放平台集聚制造产业，强化区域交流与合作，以促进长江经济带制造业高质量发展，开拓长江经济带开放发展新局面。

第 6 章分析了新时代长江经济带的共享发展。针对长江经济带共享发展在生产、生活、生态层面的"共同利益—特殊利益"关系失衡问题，本章从扭转先富地区与后富地区经济层面、社会层面、环境层面的利益分化格局角度进行了剖析。研究指出，要推动长江经济带共同富裕，要从"经济—社会—环境"三个层面出发，构建区域生产集约协调的经济利益格局、人民生活协同共进的社会利益格局、流域生态共保共治的环境利益格局，促进生产、生活、生态领域的利益共享。在此基础上，通过先富地区带动后富地区的协同发展，构建长江经济带"共同利益—特殊利益"均衡新格局，不断推进长江经济带共同发展，推动长江经济带共同富裕取得更为明显的实质性进展。

第 7 章对新时代长江经济带融入新发展格局进行了研究。从新时代长江经济带营商环境优化角度出发，基于新发展格局的任务和要求，本章对长江经济带各省市的营商环境进行的定量探索发现：在长江经济带内循环营商环境方面，虽然长三角和成渝等城市群表现出明显的优势，但各个地区的差异相对较小；在长江经济带外循环营商环境方面，长江经济带各省市则呈现出非常明显的分化，上海、江苏、浙江、湖北、重庆、四川这六个省市各自形成的毗邻城市群相比其他省市的优势进一步凸显；长江经济带的营商环境呈现出非常明显的区域集聚和分化特征。基于双循环营商环境的评价，本章针对长江经济带不同城市群在营商环境各方面的表现，提出了优化营商环境，更好融入新发展格局，使长江经济带成为畅通国内国际双循环的主动脉的对策建议。

第8章对新时代长江经济带的治理进行了探讨。流域在国家或地区发展中发挥着重要的支撑作用，是国家治理施加作用的重要空间场域。借助马克思主义政治经济学，本章探讨国家治理何以推动流域发展的理论机制，并指出，正是由于党的领导作用弱化、宏观微观互动不足、三方力量协调不畅，使得新时代长江经济带发展的问题域凸显。因此，应紧扣国家治理视域下长江经济带建设的两重矛盾关系，加强党对长江经济带建设的集中统一领导，构建宏观调节与微观引导良性互动格局，促进"党政—市场—社会"三方力量有机结合，不断实现党的坚强领导、宏微良性互动、三方协同共治，以国家治理现代化推动长江经济带高质量发展。

作者

2021年6月

目录

第1章 长江经济带发展的理论阐析：一个马克思主义政治经济学的解读 / 1

1.1 长江经济带的孕育与生成：基于马克思主义流域分工的理论视角 / 1

1.2 新时代长江经济带发展：基于中国特色社会主义政治经济学的理论视域 / 7

第2章 新时代长江经济带创新发展：基于创新驱动的视角 / 14

2.1 长江经济带创新发展相关文献综述 / 16

2.2 长江经济带创新发展的理论分析 / 18

2.3 长江经济带技术创新与经济增长演进趋势 / 20

2.4 数据选取和模型设定说明 / 25

2.5 长江经济带技术创新对经济增长的影响实证分析 / 28

2.6 本章小结 / 33

第3章 新时代长江经济带协调发展：基于产业协调的视角 / 37
  3.1 产品空间理论分析与研究综述 / 38
  3.2 产品空间理论视角下长江经济带协调发展现状分析 / 44
  3.3 产品空间理论视角下长江经济带产业协调发展的实证研究 / 58
  3.4 本章小结 / 71

第4章 新时代长江经济带绿色发展：基于生态利益的视角 / 72
  4.1 新时代长江经济带绿色发展诉求缘起：生态利益关系矛盾加剧 / 73
  4.2 推进新时代长江经济带绿色发展的本质要求：促进生态利益关系格局新均衡 / 76
  4.3 生态利益视域下长江经济带绿色发展：基本路径、动力支撑与制度保障 / 80
  4.4 本章小结 / 84

第5章 新时代长江经济带开放发展：基于外商直接投资的视角 / 86
  5.1 文献综述 / 87
  5.2 数据来源、变量选择与模型设计 / 89
  5.3 实证分析 / 92
  5.4 本章小结 / 98

第6章 新时代长江经济带共享发展：基于共同富裕的视角 / 100
  6.1 以"先富地区"带动"后富地区"的发展逻辑 / 100
  6.2 长江经济带共享发展的现实问题及其利益症结 / 103
  6.3 以"先富地区"带动"后富地区"推动长江经济带共享发展 / 109
  6.4 本章小结 / 112

第7章 新时代长江经济带融入新发展格局研究：基于营商环境优化的视角 / 113

- 7.1 新时代长江经济带的历史使命：以营商环境优化支撑新发展格局 / 114
- 7.2 国际国内营商环境评价文献综述 / 116
- 7.3 双循环视域下长江经济带营商环境评价指标体系 / 123
- 7.4 长江经济带营商环境评价与分析 / 128
- 7.5 长江经济带双循环营商环境空间自相关分析 / 134
- 7.6 本章小结 / 139

第8章 新时代长江经济带治理探微：以国家治理现代化推动高质量发展 / 144

- 8.1 国家治理何以推动流域发展：一个马克思主义政治经济学的理论解读 / 145
- 8.2 长江经济带发展中的机制体制问题：基于国家治理的视角 / 150
- 8.3 以国家治理现代化助推长江经济带高质量发展：基本路径、前提保障与具体方略 / 154
- 8.4 本章小结 / 162

参考文献 / 164
后记 / 180

第1章

长江经济带发展的理论阐析：一个马克思主义政治经济学的解读

长江经济带横跨长江流域的上海、江苏、浙江、安徽、江西、湖北、湖南、重庆、四川、云南、贵州等11省市，面积约205万平方公里，占全国总面积的21%，人口和经济总量均超过全国的40%，在我国经济发展中具有极为重要的战略地位[①]。准确把握长江流域纵贯古今的发展和长江经济带令人瞩目的繁荣，需要我们借助马克思主义政治经济学的科学理论。具体而言，从马克思主义流域分工的理论视角来理解长江经济带的孕育与生成，并在中国特色社会主义政治经济学的语境中把握新时代长江经济带发展。

1.1 长江经济带的孕育与生成：基于马克思主义流域分工的理论视角

我们知道，分工是经济学的重要范畴，正如费尔南·布罗代尔所说，

[①] 迟福林. 中国改革开放全纪录（1978-2018）[M]. 北京：五洲传播出版社，2018：893.

"分工在经济学中占有重要地位，其重要性堪比牛顿的万有引力定律"①，而马克思更是将分工视为"政治经济学的一切范畴的范畴"②。同时，在有关分工的经济思想史中，马克思分工思想占据了重要地位，被评价为"既是精深的又是详尽的"论述③，并对分工演进作出了"最为重要的分析"④。更为重要的是，马克思主义政治经济学已经深刻揭示，分工与经济发展之间存在着紧密的关联。因此，在探讨包括长江经济带在内的流域经济发展时，流域分工是一个不容忽视的研究视角。在此背景下，本节将基于马克思主义政治经济学，借助流域分工的研究视角把握长江经济带发展。

1.1.1 流域分工的政治经济学阐释：把握长江经济带发展的重要视角

流域分工是社会分工在流域这一特殊地理空间的具体投射。在马克思看来，分工本质上体现的是在人与自然关系发展中生成的不同分工地位的人与人之间的社会关系⑤。而且，"人口数量和人口密度是社会内部分工的物质前提"⑥，社会分工在流域内部各地域之间的产生与发展，都离不开一定数量的人口以及由此形成的一定人口密度。在这里，"人口密度是一种相对的东西"⑦，并且被马克思赋予了特定的含义，与交通条件紧密联系在一起。对此，马克思作了具体阐述，即"人口较少但交通工具发达

---

① 费尔南·布罗代尔. 15 至 18 世纪物质文明、经济和资本主义（第 3 卷）[M]. 施康强译. 北京：生活·读书·新知三联书店，2002：687.

② 马克思恩格斯全集（第 32 卷）[M]. 北京：人民出版社，1998：304.

③ 约翰·伊特韦尔等. 新帕尔格雷夫经济学大辞典（第 1 卷）[M]. 陈岱孙译. 北京：经济科学出版社，1996：980.

④ 张广振. 劳动分工经济学说史 [M]. 上海：格致出版社，上海三联出版社，上海人民出版社，2015：141.

⑤ 席大民.《德意志意识形态》中的交往思想何以被误读和低估 [J]. 天津社会科学，2012（4）：10-17.

⑥⑦ 马克思恩格斯全集（第 44 卷）[M]. 北京：人民出版社，2001：408.

的国家，比人口较多但交通工具不发达的国家有更加密集的人口；从这个意义上说，例如，美国北部各州的人口比印度的人口更加稠密"。①

如果进一步思考，可以发现，马克思谈到的绝对的人口数量和相对的人口密度，都指向的是"交往"的社会范畴。这正如马克思引援的詹姆斯·穆勒的相关论述："社会的交往，和劳动产品赖以增加的那种力量结合，都需要一定的人口密度。"② 值得一提的是，在马克思之后，涂尔干在其著作《社会分工论》中也提出极为类似的观点，认为"分工之所以能够不断进步，是因为社会密度的恒定增加和社会容量的普遍扩大"③，并强调促进交往的重要意义，指出"消除或削弱各个社会环节之间的隔绝状态，意味着社会密度的增加"④。由此可见，按照马克思的逻辑，人口聚集和交通条件都会对流域内部各地域之间交往程度产生重要影响，进而影响流域分工演进。

同时，作为特定的地理单位，流域在促进交往方面存在着天然优势。如果说山脉很大程度隔断了人们的交往，那么流域则提供了天然的水运通道。这正如黑格尔所深刻阐述的，"河川江海不能算作隔离的因素，而应看作是结合的因素"⑤。而且，亚当·斯密在提出"分工受限于市场范围"的著名论断时，也专门论及水运通道的重要性，强调"水运开拓了比陆运所开拓的广大得多的市场，所以从来各种产业的分工改良，自然而然地都开始于沿海沿河一带"⑥，并具体分析了埃及以及中国东部等地凭借流域提供的水上交通便利，提升流域内部交往程度和促进流域分工演进。值得强调的是，虽然马克思指出，"任何新的生产力，只要它不是迄今已知的生产力单纯的量的扩大……，都会引起分工的进一步发展"⑦，但这并不

---

① 马克思恩格斯全集（第44卷）[M]. 北京：人民出版社，2001：408-409.
② 马克思恩格斯全集（第44卷）[M]. 北京：人民出版社，2001：408.
③ 涂尔干. 社会分工论 [M]. 渠东译. 北京：生活·读书·新知三联书店，2013：219.
④ 涂尔干. 社会分工论 [M]. 渠东译. 北京：生活·读书·新知三联书店，2013：217.
⑤ 黑格尔. 历史哲学 [M]. 王造时译. 北京：商务印书馆，1963：131.
⑥ 亚当·斯密. 国民财富的性质和原因的研究 [M]. 郭大力，王亚南，译. 北京：商务印书馆，2002：17.
⑦ 马克思恩格斯选集（第1卷）[M]. 北京：人民出版社，1995：68.

意味马克思认为"新的生产力"能直接地影响分工演进。易言之，从"新的生产力"到"分工的进一步发展"之间，还存在着中介范畴的作用。在马克思看来，这个中介范畴正是"交往"。这是因为，"生产本身又是以个人彼此之间的交往为前提的，这种交往的形式又是由生产决定的"①。围绕这一观点，马克思在探讨"民族分工的发展程度"时强调，"不仅一个民族与其他民族的关系，而且这个民族本身的整个内部结构也取决于自己的生产以及自己内部和外部的交往的发展程度。"②因此，对于流域分工而言，流域经济中"新的生产力"并不能直接对其施加影响。只有这些"新的生产力"能够提升流域内部"交往的发展程度"，流域内部"分工的发展程度"才能得以促进。

1.1.2 长江经济带的孕育与生成：基于流域分工的历史演进

流域分工能够有力促进流域经济发展。毋庸置疑的是，长江流域纵贯古今的发展和长江经济带令人瞩目的繁荣，都离不开流域内部分工演进的助推。结合马克思主义流域分工的理论内涵可知，正是长江流域内部自然条件差异性，构成了长江流域分工的自然基础。进而，横跨古今的长江流域分工演进，推动了长江经济带的孕育生成。

1.1.2.1 自然条件差异性构成长江流域分工的自然基础

按照马克思主义的解读，流域内部各地域之间自然条件的差异性，是流域分工形成的自然基础。长江流域覆盖长江干流及其各主要支流所流过的广大地域，内部自然条件差异巨大，这在地形地貌、地质土壤、水系河网等方面表现得尤为突出。

（1）地形地貌方面。长江流域地势西高东低，从河源到河口总落差高达5400米。流域地貌类型众多，山地、丘陵面积占总面积的67.2%，平

---

①② 马克思恩格斯选集（第1卷）[M]. 北京：人民出版社，1995：68.

地占 28.1%，水面占 4.7%①。同时，长江流域涉及五大地层区，其中长江干流主要归属扬子地层区，江源通天河及金沙江上中游的绝大部分归属特提斯地层区；西南边缘归属藏滇地层区，流域中游的北缘地带归属秦岭地层区；湘西赣南归属华南地层区。

（2）地质土壤方面。长江流域地跨扬子准地台、三江褶皱系、松潘—甘孜褶皱系、秦岭褶皱系和华南褶皱系等五个地质大构建单元。同时，长江流域受到维度水平地带性与垂直地带性分布规律的共同作用，分布着红壤、黄壤、黄棕壤、棕壤、褐土等地带性土壤，以及紫色土、潮土、沼泽土、水稻土等非地带性土壤。地质土壤的差异，使得流域内部各地域之间的矿产、植被、物种等资源分布存在显著差异。

（3）水系河网方面。长江流域干流全长近6400公里，上、中、下游各约长4500公里、950公里、938公里；支流1万余条，其中雅砻江、岷江、嘉陵江、乌江、沅江、湘江、汉江、赣江等8条支流流域面积大于80000平方公里，依次分布在长江流域的上、中、下游。同时，长江水系的河网密度也存在着地域差异，上游大部分地区的河网密度在 $0.5km/km^2$ 以上，山丘区可超过 $0.7km/km^2$，成都平原达 $1.2km/km^2$，而长江三角洲达 $6.4\sim6.7km/km^2$ 以上，其中杭嘉湖平原高达 $12.7km/km^2$，是全国河网最稠密的地区。②

自然条件的差异无疑给长江流域内部各地域的人们提供了不同的生产资料和生活资料，也决定了他们生产方式和生活方式的差异性。最初，长江流域的先民们开始从山洞里走出，并朝着沿江河湖沼地区的平地、缓坡处定居生活，形成"聚落"的聚居形式，使得原始社会形态出现在长江流域。自新石器时代起，先民们在长江流域的不同地域，基于各自的自然条件创造出不同的文明，形成了马克思所说的"不同的共同体"，比如下游江浙一带的河姆渡文化，中游江汉地区的屈家岭文化，以及中游偏西直达上游川东地区的大溪文化，等等。这个时期，长江流域各地域之间自然条

---

①② 刘昌明. 中国水文地理 [M]. 北京：科学出版社，2014：630 – 637.

件的差异性，以及在此基础上的生产方式和生活方式的差异性，"在共同体互相接触时引起了产品的互相交换"①。而且，随着"产品的互相交换"的日益发展，偶然的零散的交换活动演变为频繁的集中的交换活动，呈现出神农氏"日中为市，致天下之民，聚天下之货，交易而退，各得其所"②的景象。于是，自然条件差异性推动社会分工在长江流域内部"原来不同而又互不依赖的"各地域之间产生，从而使长江流域分工得以形成。

1.1.2.2 长江流域分工演进推动长江经济带的孕育生成

长江流域分工演进是一个动态发展的历史过程。商周以来，逐渐形成的小农经济结构使得马克思所称的"依靠小农业与家庭工业相结合而存在的中国社会经济结构"③在长江流域普遍呈现。而且，在随后漫长的数千年里，整个社会的分工演进普遍受制于自然经济。但是，相较其他区域而言，长江流域拥有人口聚集和交通条件的优势，进而拥有更高的交往程度。一方面，隋唐以来，中国经济重心的南移使得长江流域的人口聚集程度进一步提高。长江上、中、下流域地区人口分布密度，从西汉时期的 15.3 人/km^2、10.1 人/km^2、13.6 人/km^2，上升为南宋时期的 27.2 人/km^2、14.8 人/km^2、22.7 人/km^{2}④。而且，根据胡焕庸先生的测算数据，在 1830~1839 年期间，长江上、中、下流域地区人口分布密度已经提升为 65.6 人/km^2、132.8 人/km^2、326.8 人/km^{2}⑤。1820 年，在当时近 300 个二级行政区（府、州、厅）中，有 10 个二级行政区人口分布密度超过 500 人/km^2，而分布在长江流域的就有 9 个⑥。另一方面，长江流域交通运输条件优越。长江水运一直都是中国内河航运最发达的水系，支流 1 万

---

① 马克思恩格斯全集（第44卷）[M]. 北京：人民出版社，2001：407.
② 周易 [M]. 朱熹注. 上海：上海古籍出版社，1995：150.
③ 马克思恩格斯全集（第19卷）[M]. 北京：人民出版社，2006：20.
④ 谢元鲁. 长江流域交通与经济格局的历史变迁 [J]. 中国历史地理论丛，1995（1）：27-44.
⑤ 谢元鲁. 长江流域交通与经济格局的历史变迁 [J]. 中国历史地理论丛，1995（1）：27-44；此处长江流域各省份原始数据来源于胡焕庸，张善余. 中国人口地理（上）[M]. 上海：华东师范大学出版社，1984：56.
⑥ 胡焕庸，张善余. 中国人口地理（上）[M]. 上海：华东师范大学出版社，1984：56.

余条,通航河流高达 3600 余条。不仅如此,晚近以来,随着交通技术革新特别是铁路交通的兴起,长江流域铁路运输极大弥补了流域内部以畜力和人力为主的传统陆运的不足。作为新中国成立前长江流域铁路的两次建设高潮,在 1898~1913 年和 1928~1937 年两个期间,长江流域就分别新建铁路约 2800 公里和 2380 公里,前后主要建设南北向纵贯线和东西向铁路干线,铁路建设的进度和密集度都高于当时全国平均水平[①]。

于是,与马克思主义的相关阐释相契合,不断聚集的人口数量和不断改良的交通条件共同助推长江流域内部交往的深化与广化,进而提升流域内部"分工的发展程度",并推动长江流域发展不断挣脱自然经济的束缚。可以肯定的是,如果没有横跨古今的长江流域分工演进,那么长江流域也就不会日益发展繁荣,也就不可能有现实中长江经济带的形成和理论上长江经济带范畴的提出。新中国建立以后,如何更好促进长江流域分工演进,统筹规划长江流域综合开发和可持续发展,从而激发长江流域经济社会发展活力,无疑是党和国家面对的一项重要任务。

1.2　新时代长江经济带发展：基于中国特色社会主义政治经济学的理论视域

随着千百年来长江流域分工的历史演进,长江流域以水为纽带,连接上下游、左右岸、干支流,不断形成经济社会大系统。新中国成立以来,特别是改革开放以来,长江流域经济社会迅猛发展,综合实力快速提升,已经成为我国经济重心所在、活力所在。早在 1958 年,周恩来同志通过对长江流域实地考察,并听取各方面意见,提出了长江流域"统一规划,

---

[①] 谢元鲁. 长江流域交通与经济格局的历史变迁 [J]. 中国历史地理论丛, 1995 (1): 27-44.

全面发展，适当分工，分期进行"的重要原则①。改革开放以后，1996年的《中华人民共和国国民经济和社会发展"九五"计划和2010年远景目标纲要》明确提出，长江三角洲及沿江地区要"以浦东开放开发、三峡建设为契机，依托沿江大中城市，逐步形成一条横贯东西、连接南北的综合型经济带"，第一次明确了长江经济带的范畴。党的十八大以来，长江经济带建设作为党中央作出的重大决策，是关系国家发展全局的重大战略，对实现"两个一百年"奋斗目标、实现中华民族伟大复兴的中国梦具有重要意义。毋庸置疑，推动新时代长江经济带发展已经成为中国特色社会主义政治经济学面临的一项重大命题。

1.2.1 新时代长江经济带发展的战略高度

2014年4月28日，李克强同志在重庆召开长江经济带11省市座谈会，研究依托黄金水道建设长江经济带问题。同年9月12日，国务院发布《关于依托黄金水道推动长江经济带发展的指导意见》，标志着长江经济带建设上升为国家战略。习近平同志着眼于中国特色社会主义发展全局，高度重视流域经济高质量发展，分别于2016年1月5日、2018年4月26日和2020年11月14日，在长江上游的重庆、长江中游的武汉和长江下游的南京，先后主持召开三次长江经济带发展座谈会。

表1.1　三次长江经济带发展座谈会对长江经济带建设的总体指示

会议	时间	地点	指示精神
第一次长江经济带发展座谈会	2016年1月5日	重庆	长江是中华民族的母亲河，也是中华民族发展的重要支撑；推动长江经济带发展必须从中华民族长远利益考虑，把修复长江生态环境摆在压倒性位置，共抓大保护、不搞大开发，努力把长江经济带建设成为生态更优美、交通更顺畅、经济更协调、市场更统一、机制更科学的黄金经济带，探索出一条生态优先、绿色发展新路子

① 陈夕总. 中国共产党与三峡工程[M]. 北京：中共党史出版社，2014：61.

续表

会议	时间	地点	指示精神
第二次长江经济带发展座谈会	2018年4月26日	武汉	• 推动长江经济带发展是党中央作出的重大决策,是关系国家发展全局的重大战略,对实现"两个一百年"奋斗目标、实现中华民族伟大复兴的中国梦具有重要意义 • 新形势下,推动长江经济带发展,关键是要正确把握整体推进和重点突破、生态环境保护和经济发展、总体谋划和久久为功、破除旧动能和培育新动能、自身发展和协同发展等关系,坚持新发展理念,坚持稳中求进工作总基调,加强改革创新、战略统筹、规划引导,使长江经济带成为引领我国经济高质量发展的生力军
第三次长江经济带发展座谈会	2020年11月14日	南京	• 推动长江经济带发展是党中央作出的重大决策,是关系国家发展全局的重大战略 • 坚定不移贯彻新发展理念,推动长江经济带高质量发展,谱写生态优先绿色发展新篇章,打造区域协调发展新样板,构筑高水平对外开放新高地,塑造创新驱动发展新优势,绘就山水人城和谐相融新画卷,使长江经济带成为我国生态优先绿色发展主战场、畅通国内国际双循环主动脉、引领经济高质量发展主力军

1.2.2 新时代长江经济带发展的新定位

2020年11月14日,在南京召开的第三次长江经济带发展座谈会上,习近平同志专门指出,长江经济带覆盖沿江11省市,横跨我国东、中、西三大板块,人口规模和经济总量占据全国"半壁江山",生态地位突出,发展潜力巨大,应该在践行新发展理念、构建新发展格局、推动高质量发展中发挥重要作用。这一科学论断,为新时代长江经济带发展提供了具体的目标方向和基本遵循。一方面,新时代长江经济带发展的目标方向是高质量发展,长江经济带要成为引领我国经济高质量发展的生力军;另一方面,推动长江经济带发展,还必须围绕践行新发展理念、构建新发展格局这两个方面予以展开,践行新发展理念、构建新发展格局是长江经济带建设的基本遵循。我们知道，新发展理念、新发展格局以及高质量发展等一系列理论创新，正是中国特色社会主义政治经济学的重要理论构成。因此，在新时代，推动新时代长江经济带发展已经成为中国特色社会主义政治经济学面临的一项重大命题，迫切要求中国特色社会主义政治经济学给予理论支撑。

1.2.2.1　推动长江经济带发展的目标方向：高质量发展

经过长期的建设，长江经济带已经取得引人瞩目的发展成就，在中国发展中占有举足轻重的战略地位。但是与此同时，长江经济带面临着发展中新生成的问题域。2018年4月，习近平同志在深入推动长江经济带发展座谈会上的讲话，不仅肯定了长江经济带阶段性的建设成绩，而且系统梳理了长江经济带面临的困难挑战和突出问题。在习近平同志看来，长江经济带面临的首要问题是认识问题，即对长江经济带发展战略仍存在一些片面认识。除此之外，长江经济带还面临着生态环境形势依然严峻、生态环境协同保护体制机制亟待建立健全、流域发展不平衡不协调问题突出、有关方面主观能动性有待提高等问题①。这一系列问题，总体可归纳为三个层面：

（1）人的层面问题，集中表现为领导干部思想认识问题。这既包括认识问题本身，又包括因认识问题而引致出的主观能动性不足的问题。正如习近平同志所说的，在推动长江经济带建设中，"各级领导干部思想认识不断深化，但也有些人的认识不全面、不深入"，使得"在抓生态环境保护上主动性不足、创造性不够，思想上的结还没有真正解开"②。

（2）自然层面问题，集中表现为流域生态环境问题。长江经济带生态环境形势仍然严峻，污染物排放基数大，资源粗放利用问题和流域环境风险隐患依旧突出。而且，长江经济带"生态环境协同治理较弱，难以有效适应全流域完整性管理的要求"③。

---

①②③　习近平. 在深入推动长江经济带发展座谈会上的讲话［N］. 人民日报，2018－06－14（02）.

（3）经济社会层面问题，集中表现为流域发展不平衡不协调问题。长江经济带发展的不平衡不协调，不仅体现在各区域之间发展差距方面，而且突出体现在产业布局等方面。从产业布局现状来看，长江经济带沿江省市产业同质化严重，使得区域之间无序竞争、重复建设。

这三个层面问题，共同构成了新时代长江经济带发展中的问题域。邓小平同志深刻指出，"过去我们讲先发展起来。现在看，发展起来以后的问题不比不发展时少"[1]。当前，我国经济已由高速增长阶段转向高质量发展阶段。在此时代背景下，长江经济带亟待破解"发展起来以后的问题"，促进生态效益、经济效益、社会效益协同提升，成为引领我国经济高质量发展的生力军。

1.2.2.2　推动长江经济带发展的基本遵循：践行新发展理念与构建新发展格局

1. 推动长江经济带发展需要遵循新发展理念的新要求

改革开放以来，从发展就是硬道理，到发展是第一要务，到科学发展观，到"五位一体"总体布局，是我们党对经济社会发展规律认识不断深入的体现。在经济发展新常态和重要战略机遇期新阶段的历史关口，党的十八届五中全会提出了"创新、协调、绿色、开放、共享"新发展理念。"创新、协调、绿色、开放、共享"新发展理念，反映了新时期我们党对经济社会发展规律的新认识，是中国特色社会主义政治经济学的重要拓展。具体而言，新发展理念体现了中国特色社会主义政治经济学的重大原则，凸显了中国特色社会主义政治经济学的现实指导意义，遵循了中国特色社会主义政治经济学视域下的改革逻辑[2]。

推动长江经济带发展需要遵循新发展理念的新要求，从"创新、协调、绿色、开放、共享"五个维度予以破题。长江经济带的人的层面问

---

[1] 中共中央文献研究室. 邓小平年谱：1975-1997（下）[M]. 北京：中央文献出版社，2007：1364.

[2] 易淼. 中国特色社会主义共享发展之路：从利益共享到经济发展[M]. 北京：经济科学出版社，2020：22-23.

题、自然层面问题以及经济社会层面问题，在"创新、协调、绿色、开放、共享"五个维度都会具体呈现出来。因此，新时代长江经济带高质量发展，迫切要求长江经济带建设着力解决创新发展维度、协调发展维度、绿色发展维度、开放发展维度、共享发展维度的现实问题，不断在创新发展、协调发展、绿色发展、开放发展、共享发展等方面实现新作为。在此基础上，紧扣"创新、协调、绿色、开放、共享"五个维度的条分缕析，将构成研究长江经济带高质量发展不可或缺的重要内容。

2. 推动长江经济带发展需要遵循新发展格局的新要求

在中国特色社会主义政治经济学的理论视域下，区域发展战略应被置入生产力与生产关系、经济基础与上层建筑所组成的整体体系中加以考察。从深层次看，国家对特定区域发展的战略部署，恰恰体现了上层建筑对于该区域经济发展的能动性，以更好促进该区域社会生产力发展。同时，面对中华民族伟大复兴战略全局和世界百年未有之大变局，习近平同志深刻指出，要"推动形成以国内大循环为主体、国内国际双循环相互促进的新发展格局"[①]。而且，2020年11月14日在南京召开的第三次长江经济带发展座谈会上，习近平同志提出明确要求，长江经济带要成为"我国生态优先绿色发展主战场、畅通国内国际双循环主动脉、引领经济高质量发展主力军"[②]。因此，推动长江经济带高质量发展，要坚持用全面、辩证、长远的眼光展望"十四五"乃至更长时期的发展趋势，并结合"双循环"新发展格局的构建来确立战略举措。

一方面，构建"双循环"新发展格局，要求以国内大循环为主体。习近平同志指出，"我们要坚持供给侧结构性改革这个战略方向，扭住扩大内需这个战略基点，使生产、分配、流通、消费更多依托国内市场，提升供给体系对国内需求的适配性，形成需求牵引供给、供给创造需求的更高

---

① 习近平主持召开经济社会领域专家座谈会强调 着眼长远把握大势开门问策集思广益 研究新情况作出新规划［N］. 人民日报，2020 – 08 – 25（01）.
② 习近平在全面推动长江经济带发展座谈会上强调 贯彻落实党的十九届五中全会精神 推动长江经济带高质量发展［N］. 人民日报，2020 – 11 – 16（01）.

水平动态平衡。"① 因此，推动长江经济带高质量发展，使之更好融入国内大循环，需要在扩大内需和优化供给两个方面发力。另一方面，"双循环"新发展格局指向的绝不是单一的封闭的国内循环，而是开放的国内国际双循环。近年来，国际大循环已经发生深刻变化，随着外部环境和我国发展所具有的要素禀赋的变化，市场和资源两头在外的国际大循环动能明显减弱②。习近平同志指出，"我国在世界经济中的地位将持续上升，同世界经济的联系会更加紧密，为其他国家提供的市场机会将更加广阔，成为吸引国际商品和要素资源的巨大引力场"③。在此背景下，推动长江经济带高质量发展，就要进一步强化对外开放，以更加开放的姿态拥抱世界，凝聚开放发展新势能，助推国内国际双循环相互促进。

---

① ③ 习近平主持召开经济社会领域专家座谈会强调 着眼长远把握大势开门问策集思广益 研究新情况作出新规划 [N]. 人民日报, 2020-08-25 (01).
② 习近平. 在经济社会领域专家座谈会上的讲话 [N]. 人民日报, 2020-08-25 (02).

第 2 章

新时代长江经济带创新发展：
基于创新驱动的视角

2017年10月18日，党的第十九次全国代表大会在北京召开，习近平总书记在题为《决胜全面建成小康社会 夺取新时代中国特色社会主义伟大胜利》的报告中指出：中国特色社会主义进入了"新时代"。

在中国特色社会主义经济建设已经进入新时代的背景下，长江经济带作为中国经济最发达的地区之一，是畅通国内国际双循环的主动脉，也是实现中国经济高质量发展的主阵地，中央对长江经济带的发展寄予厚望。近年来，习近平总书记不仅亲自为长江经济带的发展谋划、部署，还多次深入长江沿线视察工作，为长江经济带的经济发展主持召开各项会议，从历史与时代的高度为长江经济带的发展指明了方向。长江经济带的发展对新时代中国特色社会主义经济建设而言具有举足轻重的地位，从空间结构上看，长江通道是横贯中国东部和西部的轴线，在中国新发展格局中具有重要的战略地位，长江经济带不仅是畅通国内国际双循环的主动脉，也是贯通国内大循环的主阵地；从沿江布局看，长江经济带覆盖上海、江苏、浙江、安徽、江西、湖南、湖北、重庆、四川、云南、贵州等11个省市，在国际大环境面临"大变局"、国内经济形势遭遇新挑战的时代背景下，长江经济带的创新发展不仅对沿江区域的经济社会发展具有重要意义，也能利用其辐射能力促进经济增长由沿江地区向内陆扩展，为缩小东西部地区发展差距作出重要贡献。可见，长江经济带的持续稳定发展对全面小康社会的建成、中华民族伟大复兴的实现，具有重要的现实意义和深远的战略价值。

为了顺应新时代背景下全球科技革命和产业变革的大趋势，长江经济带的发展需要依仗创新发展的推动，转变长期以来的要素驱动惯性，优化产业结构，扶持创新产业发展，使经济增长转向创新驱动的发展方式。早在2016年，国家发改委、科技部、工业和信息化部联合发布了《长江经济带创新驱动产业转型升级方案》，重点强调了创新能力的增强和区域创新体系的完善。《中华人民共和国2019年国民经济和社会发展统计公报》显示，2019年长江经济带地区生产总值高达457805亿元，约占全国经济总量的46.2%；然而，长江经济带在创新发展方面却相对滞后，已有的研究结果显示，长江经济带11个省市的平均创新效率依旧处于较低水平（胡立和等，2020），甚至没能达到中国各省区市创新效率的平均水平（李向荣等，2020）。可见，长江经济带在经济总量上的优势并没有在创新发展方面得到体现，长江经济带创新发展的滞后与雄厚的经济总量实力呈现出明显的失衡。那么，技术创新将为长江经济带的经济增长带来怎样的影响呢？长江经济带不同省市是否在创新驱动经济增长方面存在明显不同？

为对上述问题进行探讨，本章试图在长江经济带经济高速发展的背景下，利用2003~2016年长江经济带108个地级市的统计数据建立宏观计量模型，实证考察长江经济带创新发展对经济增长的影响。首先，本章以长江经济带所有城市为对象，实证观察技术创新对长江经济带经济增长的影响，厘清长江经济带技术创新的发展对经济增长的影响效果；其次，我们将长江经济带城市分为长江上游、长江中游、长江下游三个区域，以不同地区为对象，考察创新驱动对经济增长的区域异质性；最后，基于实证研究结论，我们提出长江经济带各省市创新发展的对策建议。本章关于技术创新对长江经济带各城市经济增长的实证探讨及相应的对策建议，有望为长江经济带创新发展提供有益的政策借鉴。

2.1　长江经济带创新发展相关文献综述

围绕长江经济带的经济增长和创新发展这一议题，现有研究主要从以下两方面展开探讨。

一方面，有大量研究从经济增长的影响因素出发，分析不同因素对长江经济带经济发展的影响效果。例如，吴传清和邓明亮（2019）研究指出，长江经济带区域经济增长的重要推动因素之一是科技创新水平的提升，科技创新将有效促进长江经济带各城市绿色全要素生产率的提高，并对长江经济带深度融合的开放创新新局面进行了理论探讨；张津瑞和施国庆（2019）从长江经济带的公共基础设施资本存量出发，探讨了其对长江经济带经济增长的影响，研究发现，交通基础设施和水利环境基础设施的发展对发掘长江经济带经济增长潜力具有重要意义；周兵和胡振兴（2020）着眼于长江经济带结构性去杠杆与经济增长之间的关系，分部门探讨了杠杆率水平上升对长江经济带经济增长的影响；王磊和翟博文（2018）探讨了长江经济带交通基础设施对经济增长的影响，并提出应当加快建设长江经济带交通基础设施的互联互通，提高交通网络综合运行效率，以此推动长江经济带的经济发展。

另一方面，现有相关研究也涉及了不同地区在创新发展方面的异质性，大部分研究表明，长江经济带的创新发展呈现出明显的地区差异性。例如，王丽洁（2016）的研究发现，长江经济带中部地区区域创新能力对经济增长的长期影响最为明显，而西部区域次之，东部区域影响最小；曹忠贤等（2016）分析了研发投入对长江经济带各区域经济增长的影响，其实证研究发现，长江经济带的研发投入表现为东部大于中部，而中部又优于西部的资源配置，但研发投入对区域经济增长的影响却与上述配置并不一致，在研发对经济增长的驱动效应上表现出中西部大于东部的现象；此外，邵汉华和齐荣（2019）关于长江经济带城市创新驱动发展水平的测算指出，不同区域创新驱动发展水平的差异在不断扩大，且创新发展的重心整体沿东北方向向东移动。

从上文梳理可以看出，现有研究在长江经济带创新驱动发展方面取得了丰富的研究成果，也为我们从创新驱动的视角考察长江经济带的创新发展提供了理论上的支撑与思路上的借鉴。然而，需要指出的是：第一，由于模型设定和观察对象的不同，现有研究从不同角度对长江经济带的创新发展进行探讨，这些研究结论存在一定程度的争论，相关研究并没有得到一致的结论；第二，现有大部分文献多是以长江经济带11个省级行政单位或部分省市的地级市数据为基础展开研究，涉及长江经济带所有地级市的研究还比较有限；第三，现有研究虽在一定程度上涉及了创新驱动的区域异质性，但对于长江经济带创新驱动的区域异质性机制的研究尚不够深入。

有鉴于此，本章试图在长江经济带经济高速发展的背景下，利用2003～2016年长江经济带108个地级市的宏观统计数据建立面板数据模型，实证考察长江经济带创新发展对经济增长的影响，并从多个层面探讨长江经济带创新驱动发展的异质性。与现有研究相比，本章研究可能的贡献在于：第一，在现有研究基础之上，我们将区域内城市的内资存量、产业结构、交通运输能力、城镇化程度等重要变量纳入考量，同时，我们在被解释变量和技术创新变量的选取上，选择了更加精确的指标进行表征，在变量选取和模型设定上对现有框架进行了一定程度的改进；第二，本章采用长江经济带108个地级市的宏观统计数据建立模型，比现有大部分以省市或者部分地级市为观察单位的研究更为细致地刻画了长江经济带技术创新对经济增长的影响及异质性；第三，本章结合内资存量、产业结构、交通运输能力和城镇化等指标对长江经济带创新驱动的区域异质性的分析，有望丰富学界对我国创新驱动区域异质性的认识。

2.2 长江经济带创新发展的理论分析

2.2.1 创新对经济增长影响的理论分析

从新古典经济增长理论到内生增长理论，技术创新一直以来都作为经济增长的重要影响因素而备受关注。1912年，经济学家熊彼特提出了著名的熊彼特创新理论，该理论将创新的过程理解为生产要素的重新组合，并根据创新成果对经济周期的不同影响将经济周期分为短期、中期和长期，熊彼特从技术与经济相结合的角度探讨了技术创新在经济发展过程中起到的作用。1957年，索洛提出了著名的索洛余值，他指出，不能为劳动投入与资本投入所解释的经济增长率的提升，即为技术进步对经济增长率的贡献；20世纪80年代，内生性增长理论开始兴起，该理论的代表人物罗默在1986年发表的《收益递增与长期增长》一文中将专业化知识作为生产要素的一种纳入生产函数当中。在收益递增与长期增长模型中，物质资本的投入将促进知识的增长，知识的增长又会促进资本效益递增，这样的循环往复使得经济在长期中健康发展；1990年，罗默发表了《内生技术变化》一文，推动了内生性增长理论的进一步发展。内生性增长理论将技术创新内生化，揭示了技术进步对现代经济长期增长的决定性作用（周绍森和胡德龙，2019）。

从上述梳理可见，随着经济理论的不断发展，技术创新理论的发展已经相当完善，如何将上述理论与长江经济带经济发展实践相结合，为相关经济理论提供经验证据，成为当前研究的一个热点问题，本章基于长江经济带的实证研究将为技术创新对经济增长的理论影响提供经验证据。

2.2.2 创新促使全要素生产率的提升，进而带动长江经济带的经济增长

一般来说，全要素生产率指的是包含人力、物力、财力等在内的资源的开发效率，经济学通常用它来衡量生产的效率，生产效率的优化、技术的进步和规模效应都能带来全要素生产率的提高。然而，从定义出发，全要素生产率所代表的含义有所分歧。一方面，新古典经济学理论往往将全要素生产率视作衡量纯技术进步在生产中发挥作用大小的指标；另一方面，全要素生产率被看作是在剔除资本、劳动等要素投入之外所得到的产出量的增加。本书所论述的全要素生产率指的是后者，通过全要素生产率提升的作用，长江经济带的技术创新能够带动区域内的经济增长，已有的研究也对此问题作出了实证说明。王丽洁（2016）从区域创新投入和创新产出两个角度反映长江经济带的技术进步，对长江经济带沿江11个省市2000~2013年的面板数据进行了测算，结果表明，区域创新的进步能够促进长江经济带经济的增长；曹忠贤等（2016）以固定效应模型考察了长江经济带1990~2013年110个地级市的研发投入对经济增长的影响，该研究以经费投入与人员投入反映技术创新水平，得出了区域经济更依赖人员投入的结论，并分地区指出中西部的经济影响大于东部的经济影响；李光龙和范贤贤（2019）以长江经济带2007~2016年108个城市为研究对象，使用固定效应模型和门槛模型实证分析了科技创新与经济高质量发展之间的交互影响，在研究设计上，该研究以经济增长动能、经济增长结构和经济增长作为经济发展的一级指标，以专利申请授权量反映科技创新，验证了科技创新对长江经济带经济发展的显著正向影响，并指出了科技创新的影响作用仅仅体现在中游、下游区域以及大城市当中。

2.2.3 创新促使绿色全要素生产率的提升，从而带动长江经济带的经济增长

绿色全要素生产率是在常规经济增长分析框架下嵌入污染物排放衡量

非期望产出部分而延伸得到的，目前关于科技创新对绿色全要素生产率的促进的相关研究十分丰富，而立足于长江经济带沿江区域的科技创新同样能够促进当地绿色全要素生产率的提升从而带动经济增长。吴传清和邓明亮（2019）收集了长江经济带 2005~2016 年 108 个地级市的面板数据，利用随机效应模型对长江经济带的创新发展作出了实证分析，实证显示，科技创新能够显著促进长江经济带上绿色全要素生产率的提升，进而带动当地经济的高质量增长。

2.3 长江经济带技术创新与经济增长演进趋势

2.3.1 长江经济带经济增长变化趋势

首先，我们利用长江经济带 2003~2016 年各省市地区生产总值的数据绘制折线图，直观地观察长江经济带经济增长趋势，此部分数据来源于各省市历年的政府统计公报与统计年鉴。我们绘制了长江经济带历年的整体经济增长率变化轨迹，如图 2.1 所示。可以看出，长江经济带的经济增长整体呈现出持续增长的势头，从变化趋势上分析，2003~2016 年长江经

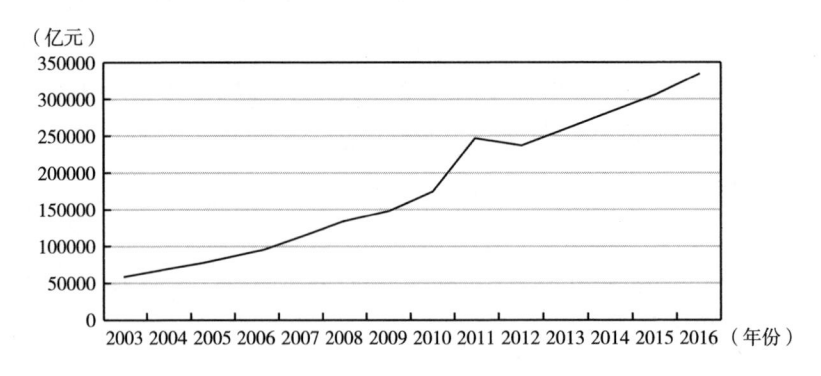

图 2.1 长江经济带整体生产总值变化轨迹

济带经济增长可以分为三个阶段。2003~2010年，长江经济带的经济增长呈现出平稳缓慢的发展趋势；2010~2012年的三年间，长江经济带先是获得了短期的迅猛增长，然后受挫回落；自2012年后，经济增长又恢复了平稳发展的态势，且增长速率稍微高于第一阶段的增长。由于长江经济带覆盖11个省市，各地区间的经济发展亦各有不同，接下来我们尝试分区域观察经济增长的演变有何差异。

长江经济带上游地区2003~2016年经济增长轨迹如图2.2所示，与长江经济带的整体增长趋势类似，长江经济带上游地区的经济增长同样呈稳步增长趋势，且后期的发展速度稍快于前期，这说明长江经济带上游地区的经济增长是健康稳定的；从增长变化趋势上看，长江经济带上游地区的经济增长一直稳步增长，并未出现明显的波动。

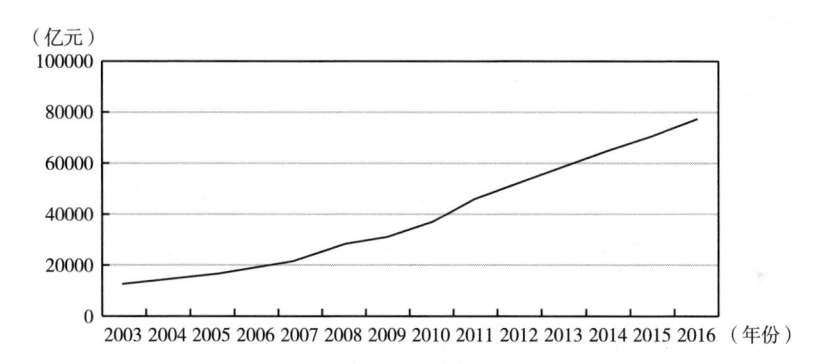

图2.2 长江经济带上游地区生产总值变化轨迹

图2.3是长江经济带中游地区2003~2016年经济增长的轨迹，从图中我们可以看出中游地区经济增长整体平缓稳定，除了2011~2012年间增长速度趋于平缓之外，其他时间一直维持了稳定的增长。

长江经济带下游地区2003~2016年经济增长的轨迹如图2.4所示，长江经济带下游地区经济增长的发展趋势特点明显，2010~2012年期间，经济增长经历了明显的高涨与回落，而这一特征也反映在了长江经济带经济增长的整体趋势上，整体而言，长江经济带下游地区的经济增长同样呈现稳定上升的趋势。

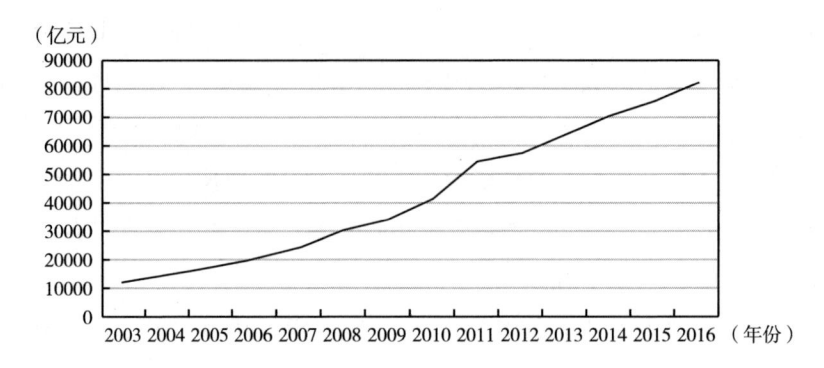

图 2.3　长江经济带中游地区生产总值变化轨迹

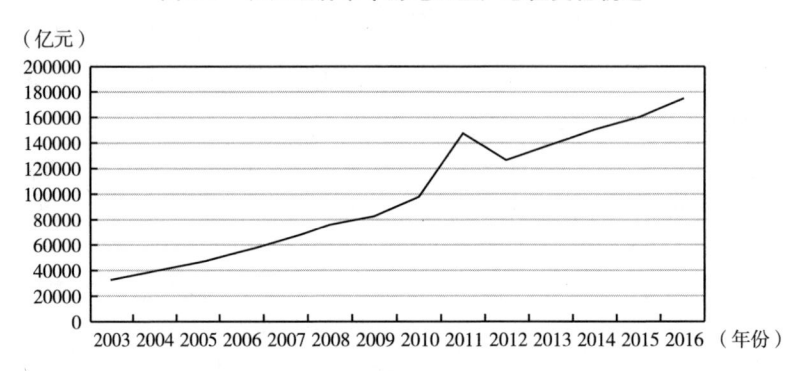

图 2.4　长江经济带下游地区生产总值变化轨迹

2.3.2　长江经济带技术创新演进轨迹

下面我们利用长江经济带2003~2016年各省市技术创新数据绘制折线图来观察长江经济带技术创新的演进轨迹，此处我们以各省市技术市场的成交额指标来代表技术创新水平，对长江经济带技术创新的发展趋势进行分析，此部分数据均来自历年的《中国统计年鉴》。长江经济带11个省市的整体技术创新水平变化趋势如图2.5所示，长江经济带的技术创新变化轨迹与经济增长轨迹十分相似，基本处于平稳上升的阶段，且从2009年开始，长江经济带整体技术创新水平的上升速率逐年增大。

(亿元)

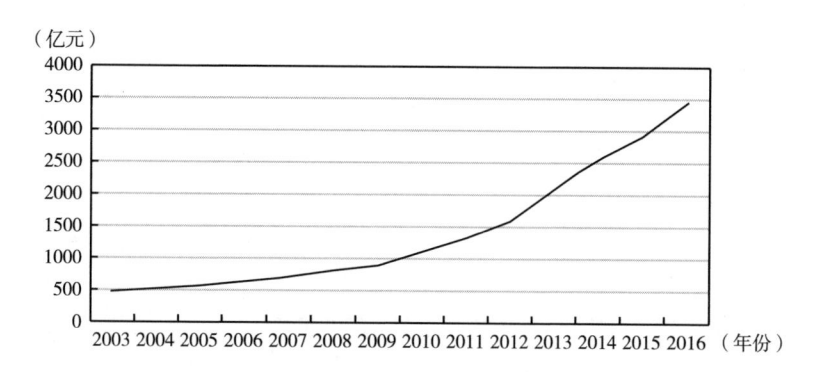

图2.5 长江经济带技术市场成交总额演变轨迹

我们将长江经济带省市分为上游地区、中游地区和下游地区，并分别绘制技术市场成交额变化图，以反映技术创新水平变化走势。经过分区域的观察后我们发现，在不同区域间，技术创新的演变轨迹出现了较为明显的差别。从图2.6的折线图可以看出，长江经济带上游地区技术创新水平在2003~2011年之间的增长趋势较为缓慢，在总量上也呈现出相对较低的水平，但从2011年开始，长江上游地区的技术创新水平出现了较为迅速的上升趋势。

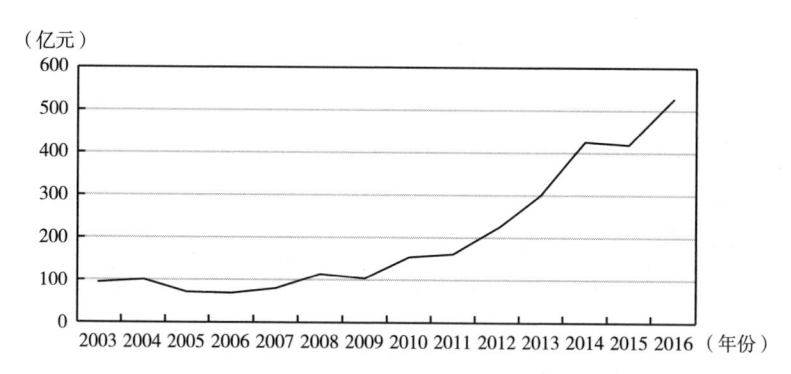

图2.6 长江经济带上游地区技术市场成交额演变轨迹

从图2.7长江中游地区2003~2016年技术创新演变轨迹的折线图可以看出，与长江经济带上游地区相比，中游地区的技术创新水平变动与上游整体趋势类似，但曲线相对平滑，2003~2012年间技术创新以较为缓慢的增长速度向前发展，而在2012年后，发展速率得到了大幅度的提升，

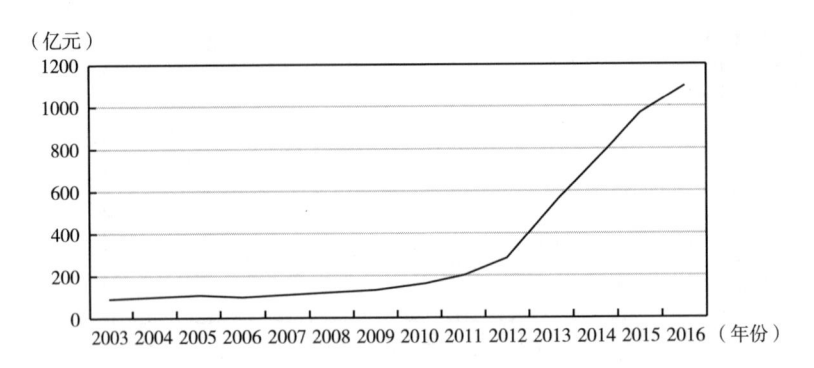

图 2.7　长江经济带中游地区技术市场成交额演变轨迹

整体而言，在中游地区技术创新的发展是较为稳定的。

图 2.8 显示了长江经济带下游地区 2003～2016 年技术创新发展的趋势。从图 2.8 可以看出，与上游地区和中游地区相比，长江经济带下游地区的技术创新水平从 2003 年开始呈现逐年稳步提升的趋势，长江经济带下游地区的技术创新发展基础较好，发展水平也更高，整体而言，长江经济带下游地区技术创新水平的演变趋势是更为持续和稳定的。

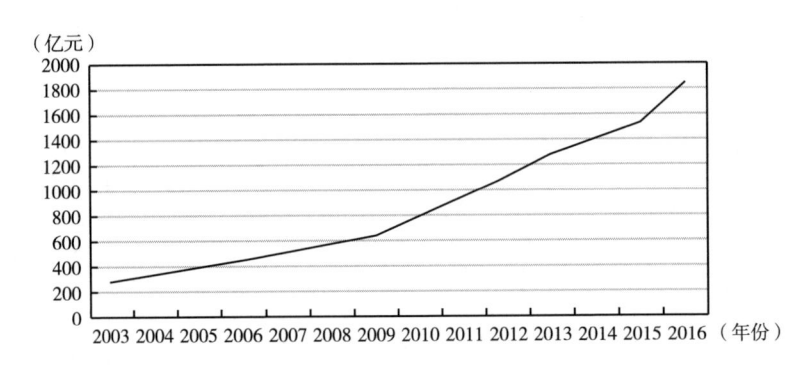

图 2.8　长江经济带下游地区技术市场成交额演变轨迹

2.3.3　长江经济带技术创新与经济增长关联分析

接下来，我们将长江经济带整体的经济增长与技术创新水平置于同一个坐标轴，利用两个变量绘制两条折线来同时观察长江经济带的经济增长与技术创新水平的演变轨迹是否一致,为了方便与技术创新水平的变化趋势进行对比,我们将长江经济带经济增长的单位变为百亿元。如图2.9所示,从时间趋势上看,在2010年之前与2012年之后,长江经济带的经济增长(dev)与技术创新(tec)的发展趋势基本保持一致,而2010~2012年间,长江经济带的技术创新发展的减缓和经济增长的下滑也基本保持了同步。可见,从两个指标随时间变动的趋势对比,我们可以观察到长江经济带技术创新与经济增长在时间上的演进轨迹是同步变化的,虽然我们还不能从两个指标发展趋势上的同步关系看出二者之间的因果联系,但其特征也为我们后文的实证研究提供了启示。接下来,我们利用长江经济带历年的经济增长和技术创新等相关统计数据建立适当的计量模型,以深入观察和刻画长江经济带的技术创新水平对地区经济增长的影响。

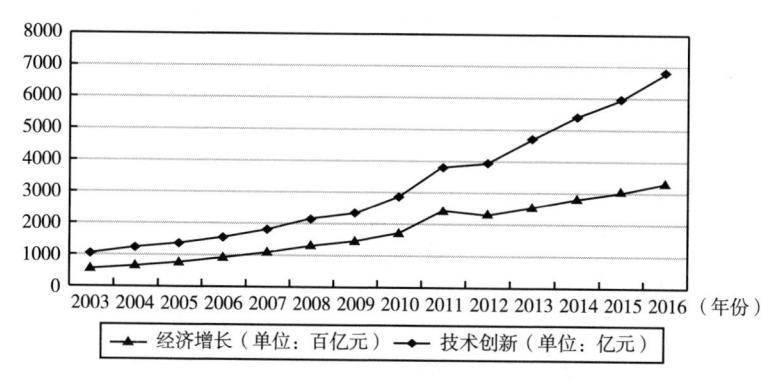

图2.9 经济增长与技术创新关联关系

2.4 数据选取和模型设定说明

2.4.1 数据选取说明

本章使用的数据来源于2004~2017年的《中国城市统计年鉴》和《中国统计年鉴》,针对部分年份和变量的数据缺失,我们通过各个城市历年的政府统计公报和政府工作报告数据予以补齐。对于个别无从查证的数据，我们通过线性插值的方法予以补齐。为保证样本数据的连续性和可比性，个别被撤销或新增加的城市将被排除。本章所使用的主要变量描述性统计如表 2.1 所示。

表 2.1　　　　　　　　　　　变量描述性统计

变量	变量符号	观测值	均值	标准差	最小值	最大值
经济增长	dev	1512	22718.33	18536.43	2370	137521.6
技术创新	tec	1512	0.0132124	0.0146012	0.0003536	0.1627287
内资存量	k	1512	64813.95	65802.61	4311.825	429754.3
产业结构	str	1512	0.3678074	0.0736279	0.2066	0.6978
交通运输	tra	1512	23.77385	26.08838	0.9345094	419.4792
城镇化率	urb	1512	0.3141055	0.1955711	0.0467747	1

2.4.2　计量模型的设定

本章主要考察长江经济带技术创新对经济增长的影响，并将长江经济带分为长江上游、长江中游、长江下游三个地区，考察技术创新对经济增长影响的异质性，从而对技术创新驱动经济增长的机制进行刻画，以期为长江经济带的创新发展政策提供理论支撑。本章基准模型设定如下：

$$\ln dev_{it} = \beta_0 + \beta_1 \ln tec_{it} + \beta_2 \ln k_{it} + \beta_3 \ln str_{it} + \beta_4 \ln tra_{it} + \beta_5 \ln urb_{it} + \varepsilon_{it}$$

(2.1)

其中，被解释变量 dev 代表经济增长变量，解释变量 tec 表示技术创新变量，k 表示内资存量，str 代表产业结构，tra 表示交通运输能力，urb 表示城镇化水平，β_0 为常数项，$\beta_1 \sim \beta_5$ 为相应的待估参数，ε 为随机扰动项。

在计量模型的选取上，短面板数据的估计策略一般分为随机效应模型与固定效应模型两种，我们将通过检测不可观测的随机变量与解释变量之间的关系决定模型的具体设定和估计方法。根据模型设定的基本检验思路,如果不可观测的随机变量与某个解释变量相关,则使用固定效应模型;如果不可观测的随机变量与所有解释变量均不相关,我们则使用随机效应模型。本章检验方法采取最常用的豪斯曼(Hausman)检验法,需要注意的是,由于本章中聚类稳健标准误与普通标准误相差较大,传统的豪斯曼检验并不适用,因此本章采取辅助回归的方法解决上述问题,然后对聚类稳健标准误进行检验。

2.4.3 变量选取说明

为考察长江经济带技术创新对经济增长的影响,参考现有研究并结合本章的数据特点,我们选取以下变量以对实证模型(2.1)进行估计。

2.4.3.1 被解释变量

经济增长(dev)。我们选取长江经济带各地级市的实际人均地区生产总值来衡量长江经济带的经济增长情况,具体测算方法为,将基期设置为2003年,结合该城市所在省份的地区生产总值平减指数,对当期价格的城市人均生产总值进行平减,与现有研究采用地区生产总值相比,本章采用人均地区生产总值,可以较好地排除人口集聚所造成的影响。

2.4.3.2 核心解释变量

技术创新(tec)。现有研究多倾向于采用各地区科研支出、科研人员的绝对数量、专利的绝对数量或是技术市场成交额来反映技术创新的变化,本章中我们采用长江经济带各城市公共财政科学支出在城市公共财政总支出中的占比来表示长江经济带的技术创新水平。与上述指标相比,本章我们采用的技术创新指标一方面可以更加直观地反映区域内城市创新意愿的变化,另一方面,该指标可以在较大程度上降低各地区环境因素和其他相关指标对技术创新指标的干扰。

2.4.3.3 控制变量

为了对影响长江经济带经济增长的其他因素进行控制,我们选取以下控制变量。

（1）内资存量（k）。借鉴现有研究，我们选择以城市人均内资存量来表示内资存量水平，测算方法采取永续盘存法，计算公式用 $k_{it} = (1-\delta)k_{it-1} + I_{it-1}/p_{it-1}$ 表示，式中 δ 为折旧率，取值为5%，I_{it-1} 表示第 $t-1$ 年城市固定资产投资额，p_{it-1} 是以2003年为基期的城市所在省份的累积固定资产投资价格指数。基期城市生产总额占所在省份地区生产总值的比例乘以省份资本存量得到期初存量，基期数据参考单豪杰（2008）的研究，最后减去外商直接投资存量，并在城市人口进行平均。外商直接投资测算方法与之类似，我们将投资增量替换为实际使用外资金额，基期存量参考柯善咨和赵曜（2014）的研究，假定其为实际使用外资的3倍。

（2）产业结构（str）。一个地区的产业结构也可能对其经济增长产生影响，本章我们利用长江经济带城市地区生产总值中的第三产业增加值所占的比重来反映长江经济带各城市的产业结构情况。

（3）交通运输能力（tra）。交通运输能力也是影响一个地区经济增长的重要变量，在本章中，由于2015年后铁路货运量的统计数据的系统性缺失，本章以城市公路、水运及民航货运量除以城市人口总数得到城市人均交通运输能力指标来反映各地区的交通运输能力。

（4）城镇化水平（urb）。地区城镇化发展水平可能会对城市经济增长产生影响，本章我们采用长江经济带各地级市城镇化率，即城镇人口占地区总人口的比重来反映长江经济各地级市的城镇化水平。

2.5 长江经济带技术创新对经济增长的影响实证分析

2.5.1 长江经济带经济增长和技术创新指标的变动及散点拟合图

我们首先通过绘制散点图拟合出被解释变量经济增长在2003～2016

年间的变化（如图 2.10 所示），以及长江经济带经济增长和技术创新之间的散点拟合关系（如图 2.11 所示）。图 2.10 是根据时间所绘制的被解释变量散点拟合图，可以看出，近年来长江经济带各地级市的经济增长呈稳步上升趋势。

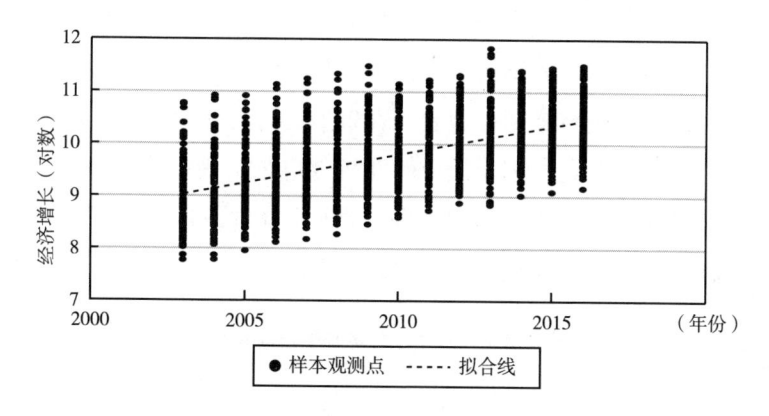

图 2.10 长江经济带经济增长散点图

图 2.11 是长江经济带经济增长与技术创新变量的散点拟合图，我们可以看出，从趋势上来说，长江经济带经济增长与技术创新指标表现出了明显的正向相关，当然，是否可以赋予其因果解释，还需要后文利用合适的计量经济学模型进行验证。

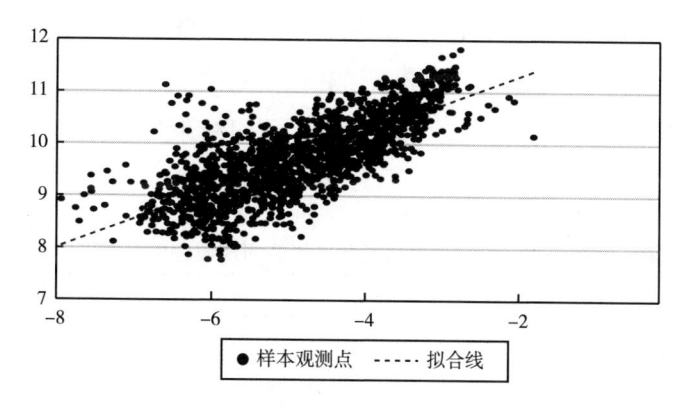

图 2.11 长江经济带经济增长和技术创新散点拟合图

2.5.2 长江经济带技术创新对经济增长的影响实证分析

2.5.2.1 模型设定检验

本章采用了长江经济带108个地级市2003~2016年的面板数据，可以采用固定效应模型或者随机效应模型。在实证分析之前，我们首先对本章实证模型的选取进行豪斯曼检验，表2.2是我们分别对本章拟采用的各个样本的面板数据进行的固定效应和随机效应豪斯曼检验结果，从表2.2豪斯曼检验结果可以看出，本章所采用的四个样本，均拒绝了原假设，表明我们在四个样本中均应该选择固定效应模型。

表2.2　　　　　　　固定效应/随机效应豪斯曼检验结果

样本	长江经济带	下游区域	中游区域	上游区域
豪斯曼Wald检验	121.687*** (P=0.0000)	138.988*** (P=0.0000)	73.618*** (P=0.0000)	22.313*** (P=0.0005)
观测值	1512	350	728	434

注：*** 表示在1%的显著性水平上显著。

2.5.2.2 基准模型估计结果

为观察长江经济带技术创新对经济增长的影响，我们以长江经济带经济增长为被解释变量，以技术创新为核心解释变量，并控制内资存量、产业结构、交通运输能力和城镇化水平等变量，建立固定效应模型对本章的基准模型式（2.1）进行回归，回归结果如表2.3第2列模型（1）所示。

表2.3　长江经济带技术创新对经济增长的影响固定效应模型估计结果

变量\样本	(1) 长江经济带	(2) 长江上游	(3) 长江中游	(4) 长江下游
$\ln tec$	0.015** (0.007)	0.0473** (0.0196)	0.0128 (0.0096)	0.0004 (0.0123)
$\ln k$	0.593*** (0.015)	0.6152*** (0.0234)	0.5441*** (0.0173)	0.6586*** (0.0598)

续表

变量\样本	(1) 长江经济带	(2) 长江上游	(3) 长江中游	(4) 长江下游
lnstr	-0.272*** (0.077)	-0.3553** (0.1452)	-0.3095*** (0.0822)	-0.3243 (0.2711)
lntra	0.036** (0.016)	0.0493** (0.0222)	0.0591*** (0.0198)	0.0402 (0.0411)
lnurb	0.106*** (0.030)	0.0274 (0.0407)	0.0730 (0.0437)	0.0839 (0.0516)
观测值	1512	434	728	350
F检验值	1093.79 (0.000)	450.91 (0.000)	798.26 (0.000)	399.45 (0.000)

注：** 和 *** 分别表示在5%和1%的显著性水平上显著；括号中的数字为标准误。

从基准模型估计结果我们可以看出，在以长江经济带108个城市为样本的模型中，技术创新变量在5%的显著水平上促进了区域经济的增长，技术创新率每提高1个百分点，经济增长率将上升约0.015%。而内资存量、产业结构、交通运输能力、城镇化水平等控制变量都在相应的显著水平上对长江经济带的经济增长造成了显著影响：从内资存量的系数估计值可以看出，在1%的显著水平上，内资存量每提高1个百分点，将使长江经济带经济增长率提高0.593%；从交通运输能力变量的估计结果来看，在5%的显著性水平上，交通运输能力每提升1个百分点，将使经济增长率提高约0.036%；从城镇化水平来看，在1%的显著性水平上，城镇化率每提高1个百分点，将使经济增长率提高0.106%。总体来看，长江经济带的技术创新水平的提升为经济增长作出了显著的贡献，同时，内资存量的增加、交通运输能力的改善和城镇化建设同样对长江经济带的经济增长存在显著正向影响，且内资存量的影响要大于其他因素的影响，这也在一定程度上说明，虽然技术创新具有明显的经济增长驱动作用，但是当前长江经济带的经济增长依然在较大程度上依赖于资本等要素驱动发展模式。此外，表2.3的模型（1）中产业结构变量与经济增长呈反向变动，出现这一结果的可能原因在于长江经济带各地区在经济增长和服务业发展方面尚不平衡，存在后发地区经济增长率更高的现象。

2.5.2.3 异质性分析

在前面实证研究的基础上，下面我们根据长江经济带不同地区的经济社会发展状况，将长江经济带各地级市按照区域划分为长江上游、长江中游、长江下游三个区域，并对三个区域的样本分别进行与基准模型相同的固定效应模型回归，以比较技术创新驱动机制的异质性。对长江上游、长江中游、长江下游三个区域样本的固定效应模型回归结果分别如表2.3第3~5列的模型（2）、模型（3）和模型（4）所示。

根据表2.3的模型（2）、模型（3）和模型（4）的估计结果我们可以得到以下发现：

（1）长江经济带技术创新水平对经济增长的影响在不同区域表现出了明显的异质性，对长江上游地区的正向影响最大，而对长江下游和中游地区的影响较为有限。在长江上游区域，技术创新对经济增长的贡献在5%的水平上显著，当技术创新水平上升1个百分点，就能带动上游区域经济增长约0.0473%，这表明，长江上游地区的技术创新对其经济增长的提高起到了显著的推动作用。然而，从模型（3）和模型（4）以长江中游地区和长江下游地区为样本的回归结果可以看出，这两个地区技术创新对经济增长的影响未能通过置信度为10%的显著性检验，这表明技术创新对长江中游和上游地区的正向促进作用并不明显。出现这一差异的原因可能在于，在技术创新层面，在整体经济发展上相对欠发达的上游地区拥有后发优势，通过技术引进和技术创新活动的提升可以显著地促进经济发展，但是对于长江中下游地区来说，长期以来的要素驱动的惯性导致当经济发展到一定程度时，技术上的投入对经济增长的推动出现了瓶颈，从而导致技术创新对地区的经济增长的贡献并不突出。这一实证结果表明，长江经济带尤其是长江下游和长江中游地区需要目光长远，切实化解创新发展瓶颈，以实现经济增长方式由以往的要素驱动向创新驱动的转变。

（2）内资存量、产业结构、交通运输能力和城镇化水平等重要变量对长江经济带经济增长的影响也表现出了较为明显的异质性。在内资存量方面，内资积累在长江经济带各区域都积极推动了当地经济增长的提高；在同一显著性水平的影响大小的比较上，内资存量对长江下游地区的影响大于长江上游地区和长江中游地区。在交通运输能力方面，交通运输能力的提高显著促进了长江中游、长江上游地区的经济增长，但在长江下游地区，交通运输能力对经济增长的作用并不显著。在产业结构方面，产业结构的调整对长江下游地区经济增长的影响并不显著，但在长江中游和上游地区，产业结构的调整引起了长江中上游地区经济增长的下降，这在一定程度上反映出产业结构调整对长江中上游地区经济增长带来的阵痛。城镇化水平的提高对三个区域经济增长的影响并不显著。

2.6 本章小结

2.6.1 本章结论

为观察长江经济带技术创新对经济增长的影响，本章在长江经济带经济高速发展的背景下，利用 2003～2016 年长江经济带 108 个地级市的统计数据，以长江经济带经济增长为被解释变量，以技术创新为核心解释变量，并控制内资存量、产业结构、交通运输能力和城镇化水平等变量，建立固定效应模型进行研究。实证研究得到以下发现：第一，从总体来看，长江经济带技术创新水平的提高推动了长江经济带的经济增长。第二，长江经济带技术创新水平对经济增长的影响在不同区域表现出了明显的异质性，对长江上游地区的正向影响最大，而对长江下游和中游地区的影响较为有限。第三，内资存量、产业结构、交通运输能力和城镇化水平等重要变量对长江经济带经济增长的影响也表现出了较为明显的异质性：内资存量对长江下游地区经济增长的影响大于长江上游地区和长江中游地区；交通运输能力的提高显著促进了长江中游、长江上游地区的经济增长,但在长江下游地区,交通运输能力对经济增长的作用并不显著;在产业结构方面,产业结构的调整对长江下游地区经济增长的影响并不显著,但在长江中游和上游地区,产业结构的调整引起了长江中上游地区经济增长的下降。

2.6.2 政策启示

现代经济学认为,技术创新在经济增长中扮演着举足轻重的角色,在新时代的背景下,中国经济的持续稳定增长亟待实现从以往的要素驱动向创新驱动的转变。党的十九大报告明确指出,要加快建设创新型国家,并确立创新是引领发展的第一动力,是建设现代化经济体系的战略支撑。改革开放以来,经过40多年的高速增长,我国经济已由高速增长阶段转向高质量发展阶段,我们需要考虑转变经济发展方式、调整经济发展结构、优化经济增长动力,在这个关键节点,经济增长的质量、效率和动力的变革都必须依靠创新驱动来实现。创新驱动要求将创新成果转化为现实生产力,以此催生出新的产业或者新的商业模式,提升各生产要素的生产效率,同时充分发挥新技术对传统产业生产效率的带动作用。本章在新时代背景下分析了长江经济带技术创新对经济增长的影响,本章的结论有以下几点政策启示。

第一,进一步增加技术创新的投入,努力提高长江经济带技术创新的水平。长江经济带的创新水平与其他地区相比仍处于相对滞后的水平,这与长江经济带在全国经济发展中的战略地位和总体实力是不相称的。创新驱动作为我国重要发展战略,是经济健康稳定长久发展的保障,立足于长江经济带经济实力雄厚而创新效率低下的事实,我们可以在以下方面作出努力:一方面,发挥市场在技术创新方面的基础作用和导向作用,让企业成为技术创新决策和技术成果转化的主体,避免创新是为了呼应政治任务而最终导致做不出成果或成果不能应用于市场的现象发生,让技术创新能够应用于实践。另一方面，减少阻碍生产要素流动的区域障碍，鼓励技术和人才流动。技术要素和科研人才的流动与区域经济的发展息息相关（李培园等，2019），要进一步强化长江经济带三个区域间的人才积极互通、交流学习，推动长江经济带人才资源库的建设，实现技术要素和科研人才的高效运用。

第二，针对长江经济带技术创新水平对部分地区经济增长影响效果不显著的情况，长江经济带需要进一步解放思想，扩大对外开放。技术的互动不仅限于地区与地区之间，也包括国与国之间的交流引进，对于发展中国家而言，想要实现科教兴国、赶上发达国家发展水平，引进国外先进技术客观上是比较重要的条件。自改革开放以来，中国通过各种途径引进发达国家的先进技术，帮助我们在短时期内改变了产业技术落后的现状，这种后发优势也支撑了中国经济长达40多年的高速增长。在长江经济带的创新驱动上，我们同样可以考虑有选择地学习借鉴国外发达经济体已有的成功经验，为长江经济带各地区的创新发展服务。

第三，立足国内大循环，注重内资积累。推进现代流通体系建设能够为国内投资存量创造良好的条件，市场循环需要现代流通体系的日益健全作为保障，在新时代下，长江经济带既需要修建道路等传统基础设施建设，也要注重5G、大数据等新基建的建设，与之相关的制度标准也需要进一步建立；同时，在货运能力上，长江经济带要充分发挥地理优势，继续发展水路运输、陆路高铁和航空航天运力建设，而与货运能力相关的物流行业，也需要一定的政策帮扶和资源倾斜来帮助其更好的发展（蒋永穆和祝林林，2021）。

第四，引导转型中的企业渡过产业结构调整带来的阵痛，推动长江经济带创新驱动向前发展。企业生产的升级转型对于我国经济发展具有重大意义，而转型过程中企业往往面临科技创新的不确定性（邹俊，2015）。为了帮助和引导相关企业和产业的结构调整，一方面，要积极发挥人才的能力，倾斜更多的资源到人才发展中，将人口红利转化为人才红利，无论是本土科研人才的培养还是国外精尖人才的引进，都能帮助市场更好地完成产业结构的调整与升级（李士梅和程宇，2014）；另一方面，要立足于战略性新兴产业，基于地区经济差异与要素禀赋差异，对长江经济带各区域的产业作出合理规划布局，引导新型产业由下游聚集过渡到上、中、下游科学分布，更好地发挥产业集聚效应（李太平和顾宇南，2021）。

第 3 章

新时代长江经济带协调发展：
基于产业协调的视角

2020年11月，习近平总书记在南京召开第三次长江经济带发展座谈会并发表重要讲话，他强调，长江经济带覆盖沿江11省市，发展潜力巨大，应该在践行新发展理念、构建新发展格局、推动高质量发展中发挥重要作用[①]，在产业发展方面"要围绕产业基础高级化、产业链现代化，发挥协同联动的整体优势，全面塑造创新驱动发展新优势"[②]。那么，如何有效发挥联动优势，推动新时代长江经济带产业协调发展呢？这需要深入思考如下几个问题：第一，长江经济带整体要素禀赋演进呈现出怎样的规律，这种演进是否具有可延续性？第二，长江经济带内部产业发展对要素禀赋的依赖程度是否不同，是遵循还是偏离比较优势？第三，不同技术水平产业之间、不同收入水平地区之间的产业发展形态有何差异？

2006年，产品空间理论的提出对解决这些问题提供了新的思路，该理论由哈佛大学豪斯曼和克林格（Hausmann & Klinger）等人创建，其核心思想是产品作为知识的载体，依据比较优势理论可以测算出不同产品对

---

①② 习近平在全面推动长江经济带发展座谈会上强调 贯彻落实党的十九届五中全会精神 推动长江经济带高质量发展 [N]. 人民日报，2020 – 11 – 16 (01).

要素禀赋的要求，从而捕捉它们之间的相似性，根据这种相似性构建相互连接的网络即为产品空间[①]。在产品空间中，连接越接近且密集的产品之间越容易实现跳跃和转移，并且诱发整体的产业升级。产品空间理论从产出能力的角度解释了国家或地区产业升级的演进规律，对认识地区要素禀赋差异和产业同质化问题有很好的解释作用，为研究区域产业协调发展提供了新的理论和方法。

国内从 2012 年开始关注这一领域，主要用于分析比较优势演化、中国产业升级路径以及国家间产业升级路径和竞争力比较等问题。国内外学者对产品空间理论已有了较为深入的研究，但是围绕特定区域分析产业协调的研究还存在很大挖潜空间，特别是长江经济带的相关研究鲜见。在此背景下，本章以长江经济带为研究对象，分层次地系统探讨长江经济带 11 省市比较优势演化以及产业协调发展路径。

3.1　产品空间理论分析与研究综述

3.1.1　产品空间理论

为研究产品空间理论视角下长江经济带产业协调发展情况，需对产品空间理论作简要分析。理论分析的部分包含产品空间理论的内涵以及空间测度方法，为接下来分析长江经济带各省市协调发展提供理论基础。

3.1.1.1　产品空间理论的内涵

豪斯曼和克林格（Hausmann & Klinger，2006）认为国家要实现经济发展，其产业结构需要从简单的商品生产转向更加复杂的商品生产，这一

---

① Hidalgo C A, Klinger B, Barabási A-L, Hausmann R. The product space conditions the development of nations [J]. Science, 2007, 317 (5837): 482–487.

过程通常称为结构转换或者说产业升级。那么如何实现这种结构转换呢？他们从产品转换的角度解释了这一奥秘。每个产品涉及特定的投入组合，例如知识、技能培训、基础设施、制度法规或其他公共物品。每种产品所需的投入组合不能完全替代另一种产品的投入组合，但每种产品投入组合的差异性是不同的，国家或地区更容易选择生产和当前生产能力接近的产品，产业升级的速度将取决于各国现有生产能力附近区域产品空间的密度。

产品空间理论从分工理论的视角重新审视了一国初始能力禀赋对产业协同升级路径的影响。产品空间理论强调现代社会要利用好积累的生产知识，就必须在分工的基础上通过组织和市场重新组合在一起。不管是国家之间、区域之间还是区域内部，都是将个人能力模块化并通过组织和市场嵌入产品中，使产品成为资本、劳动及知识等生产要素的载体和凝结物。正如马克思所揭示的，"商品形式在人们面前把人们本身劳动的社会性质反映成劳动产品本身的物的性质"，仿佛体现的是"存在于生产者之外的物与物之间的社会关系"，而实际上应是"生产者同总劳动的社会关系"。[①] 因此，社会产品空间关联的背后，是因生产而联结的分工关系。这对于长江经济带这一典型流域经济体而言，同样是适用的。从产品空间理论的视角来看，长江经济带产业协调发展，就是要通过更多复杂产品生产来积累生产性知识，从而在更高的分工水平上创立新的路径依赖关系，使得流域经济的产品供给转移到与现有生产性知识相贴近的高层次产品上去，从而实现产品空间良性演进，在产业协同升级中推动高质量发展。

3.1.1.2 产品空间结构的测度

产品空间理论在传统静态比较优势的理论基础上融入了动态比较优势演化方法，其主要的测度指标包括显性比较优势指数、产品邻近度、产品密度及产品复杂度等。本小节对产品空间理论的主要指标进行测算，为后

---

① 马克思恩格斯全集（第44卷）[M]. 北京：人民出版社，2001：89.

文实证研究打下基础。

1. 显性比较优势指数（RCA）

比较优势一般采用巴拉萨（Balassa，1965）提出的显性比较优势指数（RCA）进行测度，该指标用以衡量一个国家或地区生产 i 产品的水平占该产品世界平均生产水平的份额。一般取 RCA = 1 作为临界值，若 RCA > 1，则产品具有显性比较优势，若 RCA < 1，则产品不具有显性比较优势。以 $x(c,i,t)$ 代表 t 时期 c 国（或地区）i 产品的出口额，公式如下：

$$RCA_{c,i,t} = \frac{x(c,i,t) \Big/ \sum_{i,t} x(c,i,t)}{\sum_{c,t} x(c,i,t) \Big/ \sum_{c,i,t} x(c,i,t)} \tag{3.1}$$

2. 产品邻近度（ϕ）

产品空间由产品依据邻近度连接而成，产品邻近度衡量生产任意两种产品所需生产能力的相似性，通过计算两种产品在所有国家或地区同时具有比较优势的条件概率最小值得到。具体公式表现为：

$$\phi_{i,j,t} = \min\{P(RCAx_{i,t} | RCAx_{j,t}), P(RCAx_{j,t} | RCAx_{i,t})\} \tag{3.2}$$

式（3.2）中，$\phi_{i,j,t}$ 表示在 t 时期，产品 i 具有显性比较优势的情况下，产品 j 也具有显性比较优势的条件概率最小值。$RCAx_{i,t}$ 为产品 i 是否具有显性比较优势的逻辑值。豪斯曼和克林格（Hausmann & Klinger，2006）指出，由于式（3.2）中两个条件概率值为非对称衡量指标，而两种产品之间的邻近度应当一致，故取条件概率最小值以得到严格对称的测度。

3. 产品密度（ω）

产品密度用来衡量潜在产品与现有比较优势产品连接的紧密程度，利用潜在产品 i 与比较优势产品邻近度之和与所有产品邻近度总和之比进行测度。产品 i 的密度值越大，则该产品周边积累的生产能力禀赋越高，向附近产品跳跃的幅度越小机会越大，更易实现产业转型升级。产品密度计算公式如下：

$$\omega_{c,i,t} = \frac{\sum_j x_{c,j,t} \phi_{ij}}{\sum_j \phi_{ij}} \quad (3.3)$$

产品密度体现了单个产品与所有具有比较优势的产品的接近程度，也就是它们之间所需生产能力禀赋的相似性。一个地区的产品密度值普遍较大，说明该地区产业关联性较强，产业布局较全面。具体的，当地区的潜在优势产品即当前不具有比较优势的产品密度值较高时，那么这些产品未来转型跳跃为比较优势的机会更大；同时，那些已经具有比较优势的产品拥有较高产品密度时，也更容易持续保持现有的比较优势，从而促进地区的产业升级。

4. 产品复杂性指数（PCI）

为进一步分析国家要素禀赋结构与经济发展之间的关系，伊达尔戈和豪斯曼（Hidalgo & Hausmann，2009）提出产品复杂性概念，并指出，产品复杂性指数由国家生产产品的多样化程度和产品的普遍化程度共同决定，当一个产品被越少的国家生产，且这些国家能够生产越多具有比较优势的产品时，该产品的复杂性程度越高。豪斯曼等（Hausmann et al.，2014）运用反射方法，在计算产品显性比较优势的基础上，通过国家多样性和产品普遍性的多次迭代得到产品复杂性指数 PCI。后来阿尔贝克等（Albeaik et al.，2017）在此基础上提出改进的产品复杂性指数 PCI^+。PCI^+衡量产品的总出口，基于反射算法，根据每种产品在所有国家的出口难度对产品复杂度进行修正。在产品与国家对应的矩阵 X_{cp} 中，X_{cp} 为 c 国家产品 p 的出口额，为了得到产品在一国的平均份额 X_p^0，需要对产品的出口总额进行校正，计算公式如下：

$$X_p^0 = \sum_c \frac{X_{cp}}{X_c^0} \quad (3.4)$$

然后将这一修正后的产品出口总值再计算一次（$X_p^0 \to X_p^1$）得到二阶修正的结果，继而迭代 N 次得：

$$X_p^N = \sum_c \frac{X_{cp}}{\sum_p \frac{X_{cp}}{X_p^{N-1}}} \tag{3.5}$$

此外，为保证映射数值的收敛性，每一步（包括 X_p^0）均按其几何平均值进行归一化：

$$X_p^N = \frac{X_p^N}{\left(\prod_{p'} X_p^{N'}\right)^{\frac{1}{|P|}}} \tag{3.6}$$

其中 $\{P\}$ 是样本中的产品数。因此，我们将 PCI_p^+ 定义为：

$$PCI_p^+ = \log(X_p) - \log(X_p^\infty) \tag{3.7}$$

其中 X_p 为每种产品出口总量。与 PCI 不同的是，PCI^+ 的优点是不要求使用根据显性比较优势而形成 0－1 离散数据，而是产品出口值（X_{cp}）的函数，更能体现数据本身的规律。

3.1.2 文献综述

2007 年，伊达尔戈和克林格（Hidalgo & Klinger）首次在文章中刻画可视化的产品空间网络，从比较优势动态演化的角度为国家实现产业发展提供了新的理论和方法。随着研究的不断深入，产品空间相关理论越来越成为理解经济学、地理学和其他社会科学中关键问题的强大范例，其方法论被世界银行等国际组织纳入经济分析的核心工具箱，各国学者纷纷展开跨学科讨论研究。

3.1.2.1 国外研究综述

自产品空间理论提出后，首先在国外引起了较大的反响，伊达尔戈（Hidalgo，2009）通过研究 42 年的国际贸易数据，得到此期间全球产品空间保持相对稳定，但一些国家生产结构呈现出显著的动态变化。扬科夫斯卡等（Jankowska et al.，2012）将产品空间理论用于研究"中等收入陷阱"问题,以亚洲和拉丁美洲增长放缓的国家为范例,对比分析不同地区产业结构转型差异。凯莉拉(Kalia,2013)将产品密度和邻近度作为衡量国家产业升级和经济增长的重要指标。随后豪斯曼和伊达尔戈(Hausmann & Hidalgo,2017)又在产品空间理论的基础上,提出经济复杂性、产品复杂性概念,将经济复杂性、制度与收入不平等联系起来。还有部分学者关注经济复杂性、产品复杂性与经济发展、环境能源及城市经济绩效等因素之间的关系,并进行实证研究(Adam et al.,2019;Lapatinas et al.,2019;Andres Gomez-Lievano et al.,2018),达姆和弗伦肯(Dam & Frenken,2019)提出了经济发展的组合模型,他们指出多样性和复杂性之间的关系主要取决于经济发展的阶段。哈米德·塞帕赫尔道斯特(Hamid Sepehrdoust,2019)、吉尔特(Geert,2019)、高(Gao,2018)等研究了拉丁美洲、发展中国家等特定区域的产品空间特点,尼古(Neagu,2019)运用产品空间理论研究欧盟国家经济复杂性,能源消耗结构和温室气体排放的关系,结果表明,在制定国家经济和能源政策时,必须考虑经济复杂性的影响。也有学者齐晓飞(Xiaofei Qi,2020)、赛耶德米拉德(Seyyedmilad,2019)、梅塞德斯(Mercedes,2019)等从产业角度出发,研究全球或一个区域绿色产品空间、蓝色产品空间或农产品空间等,还有一些学者,如彭尼·米利(Penny Mealy,2019)、豪斯曼(Hausmann,2014)等,在理论层面对产品空间相关理论提出改进,费拉里尼和斯卡拉莫齐洛(Ferrarini & Scaramozzino,2015)对研究数据进行调整,评估了完全依赖出口数据是否会限制其作为评估国家能力的工具的价值。

3.1.2.2 国内研究综述

国内从2012年开始关注这一领域,早期国内学者主要基于全球视角,研究中国产业升级机会、比较优势演化等问题。张其仔和李颢(2013)运用产品空间理论从潜在比较优势产业发展的角度分析中国的产业升级机会,但对其适度性研究尚不够深入。部分学者尝试对产品空间模型提出改进,并对比分析中国与其他国家产业升级路径。邓向荣和曹红(2016)提出包含能力积累的扩展产品空间模型，指出中国产业升级路径具有适度偏离比较优势的特征。张亭和刘林青（2018）从产品空间角度对中国和美国制造业竞争力大小及两国知识密集型产业升级路径等问题做了系列研究。目前多数学者从中国及区域内部出发，研究不同因素对产业升级的影响，主要集中在以下两个方面。一是研究中国及其内部区域产业升级问题。刘守英和杨继东（2019）从国家到省级两个维度，全面地分析了中国产业升级的演进过程；徐孝新和李颢（2019）从地区层面实证分析生产能力禀赋对中国产业转型升级的影响，刘林青和邓艺林（2019）通过构建模型，分析产品密度、产品机会收益与产业升级之间的关系，表明产品密度等对优势产业升级和落后产业退出具有正向影响。二是依据省级数据比较分析区域产业升级路径。毛琦梁（2019）通过构建我国中西部四个典型城市群的产品空间，来甄别其升级机会和路径；伏玉林和胡尊芳（2017）运用产品空间理论研究江浙沪制造业结构转型。

3.2 产品空间理论视角下长江经济带协调发展现状分析

本章主要运用产品空间的方法来分析长江经济带产业协调发展现状，首先构建出产品空间框架图进行整体分析，其次就长江经济带产品空间动态分布特征、产品比较优势、产品密度、产品复杂度四个方面进行重点分析，从而对长江经济带产业协调发展有更加全面的认识。

3.2.1 产品空间的构建

3.2.1.1 数据说明

在构建中国产品空间时，部分学者采用微观产品生产数据，但一般情况下地区生产数据从工业企业数据库获得，涵盖的产品品类不全，无法体现产品空间各个产业之间的相互联系。出口数据包含的产品种类齐全，数据完整，不仅可以弥补这一不足，且出口产品需经过严苛的国际市场检验，更能体现各地区的生产优势。国务院发展研究中心信息网国际贸易研究及决策支持数据库提供了来自中国海关总署有关全部生产行业的 99 类产品出口数据，本章选取该数据库 2002~2018 年中国各省份（不包含港澳台地区的数据）HS 四位编码下 1225 类产品为观测样本，通过剔除连续出现时间不满 17 年以及收藏品、特殊交易品等产品，最终形成时间跨度 17 年，31 个省市 1185 类出口产品数据集，共计 624495 个观测值。

3.2.1.2 产品空间构建方法

遵循产品空间构建方法，本章首先将 2002~2018 年的产品出口额进行均值计算，得到 1185×1185 的产品邻接矩阵，然后剔除邻近度低于阈值 0.67 的产品关联，并运用作图软件 Pajek 将邻近度高于阈值 0.67 的 805 个产品共 1580 条连接权重进行网络可视化，最终形成中国的产品空间。由于所有产品两两连接权重数约 70 万条，大部分的邻近度较低，为方便观察，排除冗余信息干扰，本章参照伊达尔戈（Hidalgo）等的做法，根据产品空间中连线数约为产品数的两倍来确定阈值。当前产品邻接矩阵中，当 $\phi=0.66$ 时，空间中连线数为 2798，当 $\phi=0.67$ 时，空间中连线数为 1580，当 $\phi=0.68$ 时，空间中连线数为 1346，故选取 0.67 作为阈值。17 年间产品邻近度的累计概率分布变化不大，说明中国的产品空间结构动态演进较慢，选取 2002~2018 年产品出口均值来构建产品空间基础图，能够体现这一时期中国产品空间的大致布局，为在此基础上分别构建 2002 年、2018 年长江经济带 11 省市的产品空间图提供了合理性。

产品空间网络采用勒纳（Leamer，1984）基于相对因子强度的产品类别划分方法，将产品划分为 10 大类，本章选取除开杂项物品以外的 9 类作为产品分类标准。在图 3.1 中每个圆点表示一种产品，产品大类以黑白深浅区分，其中涉及纺织品、农产品、石和玻璃、矿产品、金属、化学制品、车辆、机械、电子产品等。产品在网络空间所处位置体现了产品之间联系的紧密程度，越靠近中心，与之关联的产品越多，向周围产品跳跃的途径越多，实现产业转型升级越容易，反之，越靠近边缘，产品分布越稀疏，实现跳跃升级越困难。

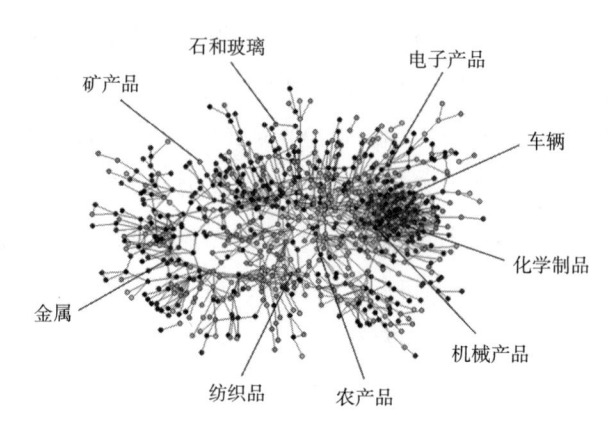

图 3.1　中国产品空间分布

中国的产品空间分布呈现出一定特点，各类产业相互联系，机械、金属、化学制品及电子产品之间联系相对紧密，而纺织品与农产品联系密切。九类产品中，邻近度高于阈值比例最大的是车辆，达86%，排名靠前的还有纺织品、化学制品、机械和金属，矿产品比例最低，仅占58%。机械、车辆、金属制品以及化学制品主要位于产品空间内部，而纺织品、矿产品、石和玻璃等更靠近边缘位置，但产品空间中部分高技术高附加值产品集中度不高且产品密度较低，中低端制造业优势明显，说明中国产品空间产业布局相对完善，但产业结构及产业发展质量还有待提升。

3.2.2　产品空间理论视角下长江经济带产业协同发展演化分析

长江经济带覆盖上海、江苏、浙江、安徽、江西、湖北、湖南、重庆、四川、云南及贵州11省市，是重大国家战略发展区域。为分析长江经济带产品空间中的演化进程，本章将逐一刻画11省市的产品空间，并基于2002年、2018年两个时间维度进行观察。值得说明的是，各省市的产品空间是以中国产品空间为基础的，能够突出该省市显性比较优势

（RCA＞1）产品，并保持原有的产业分类不变。为进一步区分经济发展水平对长江经济带各地区产品空间演化的影响，参照世界银行 2018～2019 年度对国家收入的划分标准，本章将上海、江苏、浙江三省市划分为高收入地区（GNI≥12055 美元），将安徽、江西、湖北、湖南、重庆、四川、云南和贵州八省市划分为中高收入地区（3896 美元≤GNI≤12055 美元）。

3.2.2.1 长江经济带产品空间动态分布特征

由图 3.2～图 3.12 可以看出，长江经济带 11 省市基本遵循比较优势的产业发展路径，2002～2018 年产品空间没有突出变化，主要在原有优势产业基础上发展，在动态的可视化产品空间图中，长江经济带整体产业呈异质性分布，机械、金属及化学制品等产业处于产品空间中心区域且连接较为紧密，电子产品、矿产品等连接稀疏且优势产品品类较少。11 省市中邻近

2002年 　　　　　　　　　　　2018年

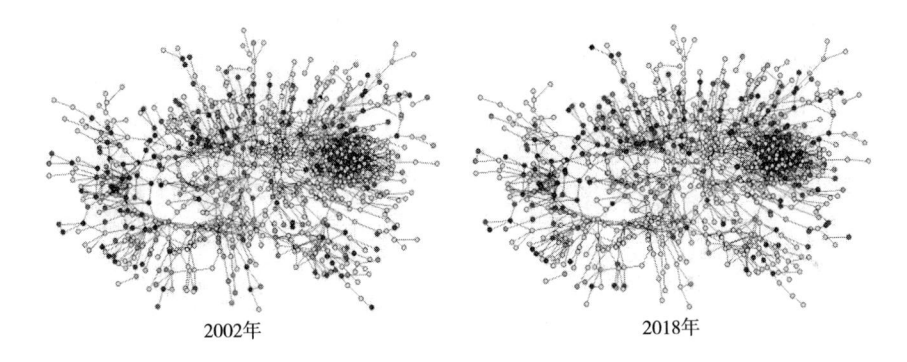

图 3.2　上海产品空间

2002年 　　　　　　　　　　　2018年

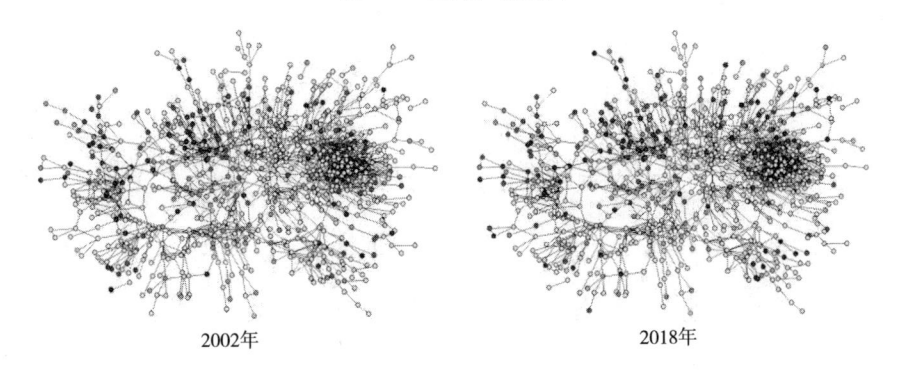

图 3.3　江苏产品空间

省市产业有同质化发展趋势，比如上海与江苏、湖南与江西、重庆与四川，这些省市产品空间结构在动态演化过程中表现出同质化现象，而相邻较远的省市如江苏与贵州则发展差异较大，且有逐步扩大的趋势。长江

2002年　　　　　　　　　　　　　2018年

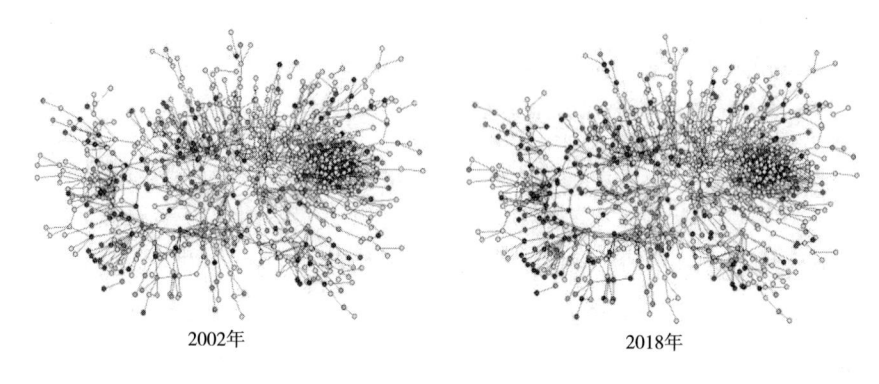

图 3.4　浙江产品空间

2002年　　　　　　　　　　　　　2018年

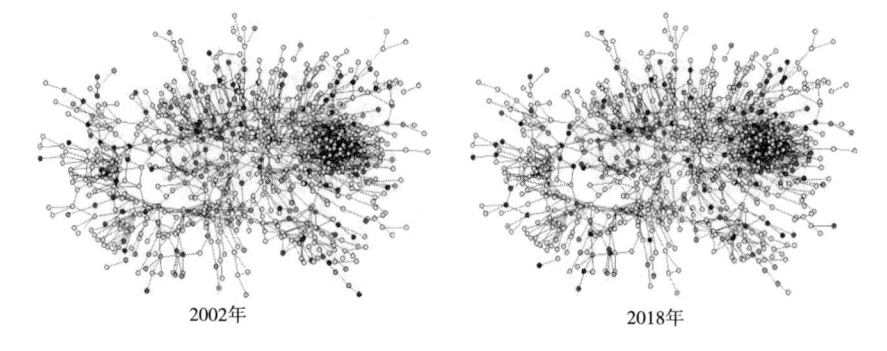

图 3.5　安徽产品空间

2002年　　　　　　　　　　　　　2018年

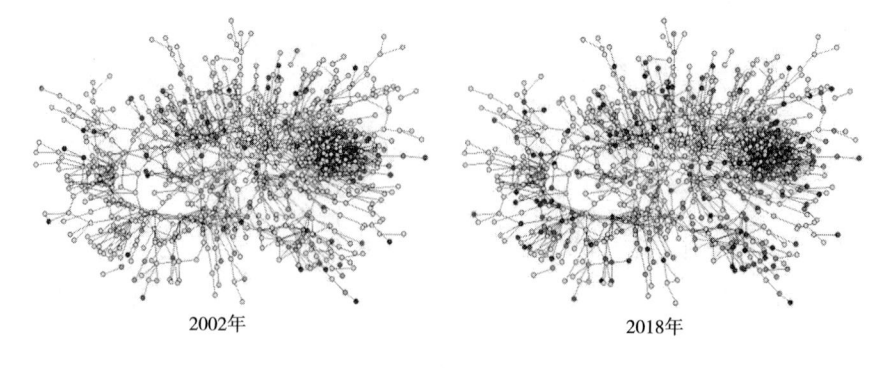

图 3.6　江西产品空间

第 3 章　新时代长江经济带协调发展：基于产业协调的视角

经济带东部高收入地区产品空间具有一定的相似之处，优势产业数量多且门类齐备，主要集中在高附加值的化学制品、车辆、机械及电子产品领域，相互联系较为紧密，且在劳动密集型的纺织业也表现出明显优势。不

2002年　　　　　　　　　　　　　　2018年

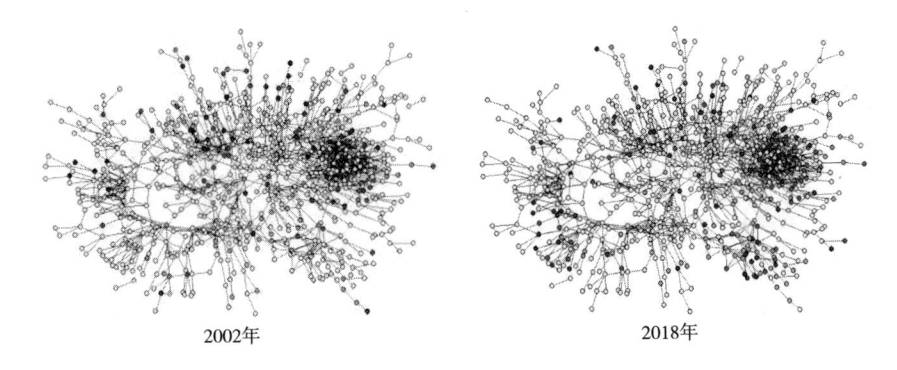

图 3.7　湖北产品空间

2002年　　　　　　　　　　　　　　2018年

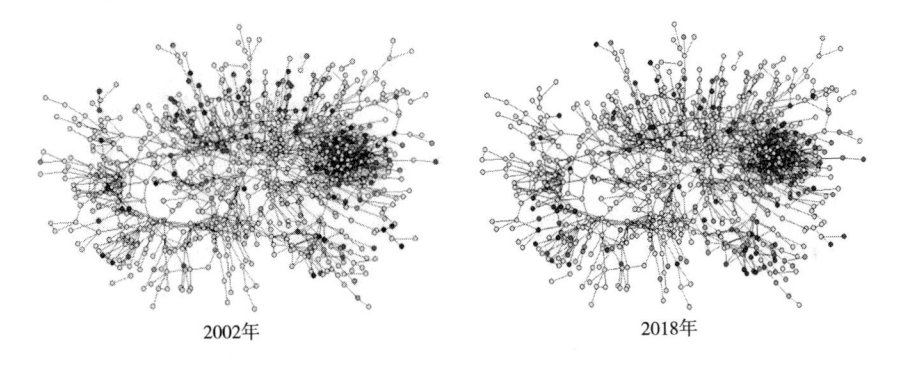

图 3.8　湖南产品空间

2002年　　　　　　　　　　　　　　2018年

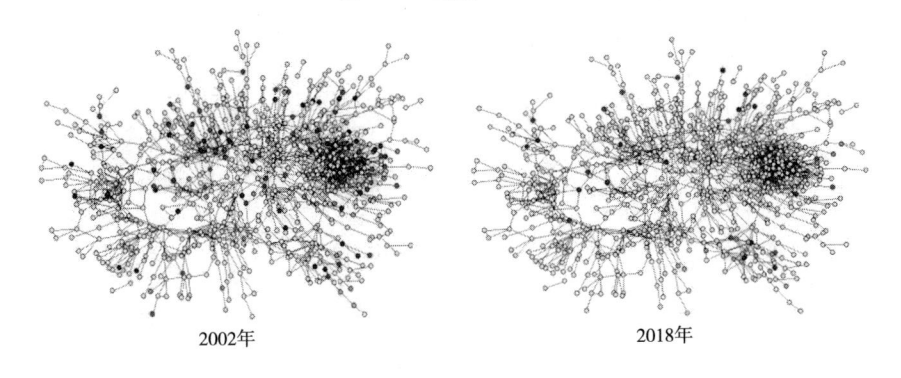

图 3.9　重庆产品空间

同的是,上海、江苏产品空间均有向中心发展的趋势,化学制品、车辆、机械及电子产品连接更加紧密,而浙江则呈现出向外发散的特点,纺织品、农产品及金属制品优势明显。中西部中高收入地区产品空间呈现出差

2002年　　　　　　　　　　　2018年

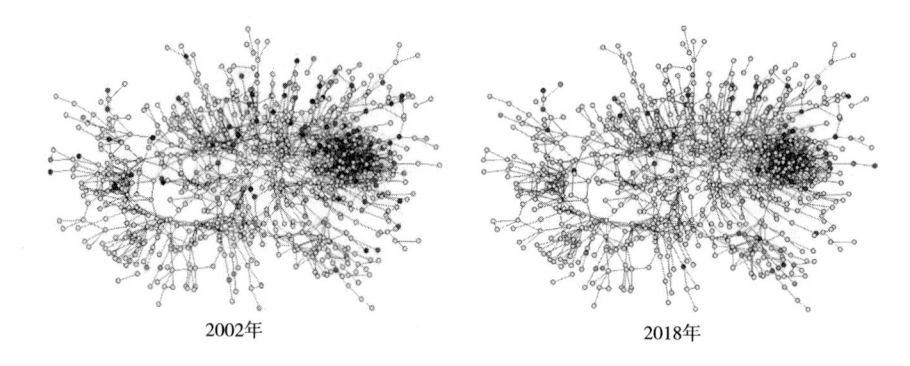

图 3.10　四川产品空间

2002年　　　　　　　　　　　2018年

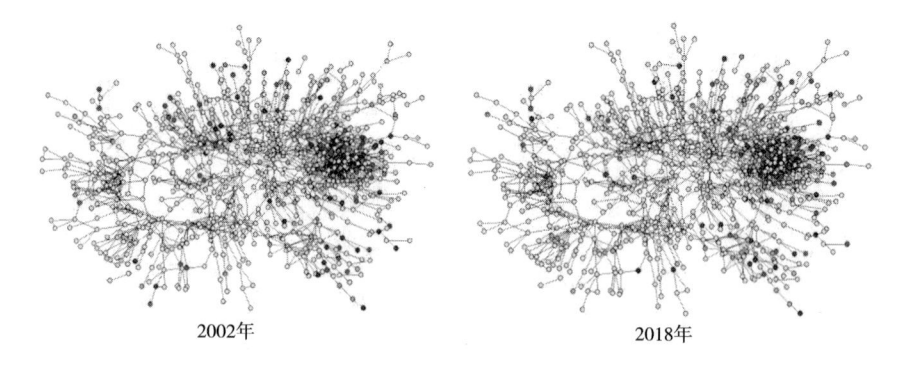

图 3.11　云南产品空间

2002年　　　　　　　　　　　2018年

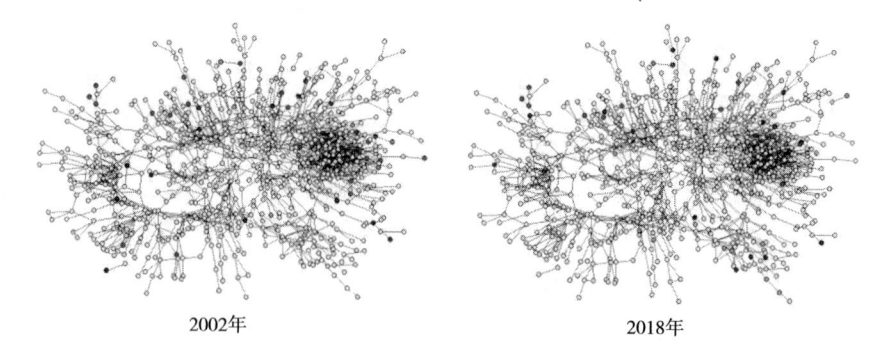

图 3.12　贵州产品空间

异性，中部四省具有产品空间优势的产品明显增加，产业布局较为均衡，江西、湖南产业结构相似，主要在农产品、石和玻璃、矿产品及金属产业有较快发展，安徽、湖北则主要遵循比较优势发展规律，以化工、机械为主导产业。西部四省产品空间整体看来，优势产品数量相对较少，网络空间连接较为分散。2002～2018年，重庆、四川产品空间中具有显性比较优势的产品明显减少，但出口产品总额却分别增加了46倍和19倍，说明重庆、四川更侧重于产业的专业化发展。云南比贵州产品空间连接更为紧密，在产业上两省表现出一定的趋同性，主要侧重农产品和化学制品的发展。

3.2.2.2 长江经济带产业比较优势分析

由图3.13看出，长江经济带高收入地区2002～2018年具有显性比较优势的产品数目波动幅度不大，整体呈现上升趋势。具体来说，浙江实现产品创新96种，江苏26种，上海优势产品数量有小幅下降。长江经济带中高收入地区相对于高收入地区优势产品数量变化表现更为平稳，安徽、重庆、四川三省市优势产品数量下降，其中重庆降幅最大，达59%；湖北、云南、贵州相对平稳；江西、湖南两省创新产品数均在100种以上。值得注意的是，出口贸易对国际政治经济环境十分敏感，2018年在中美贸易摩擦及国际贸易摩擦等多重影响下，中国13个省市优势产品数下滑，而长江经济带11省市却表现出较大增幅，且位于中西部的中高收入水平

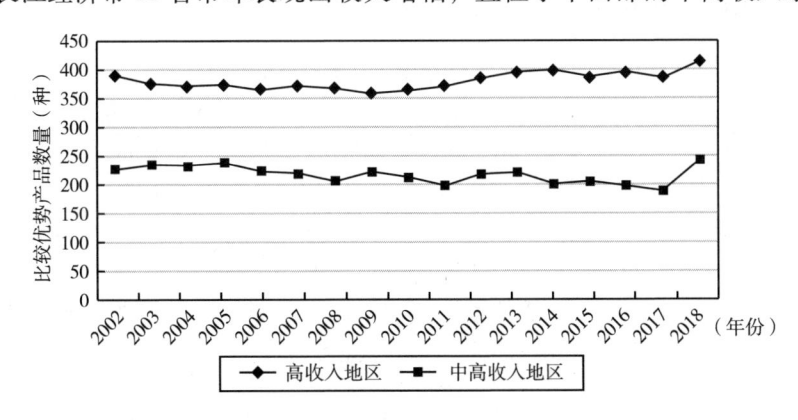

图3.13　2002～2018年长江经济带高收入、中高收入地区
显性比较优势产品数量

地区增幅显著，说明长江经济带产业基础相对牢固，受中美贸易摩擦的影响较小，也体现出内陆地区在全球化背景下产业发展的优势。

表3.1为2018年长江经济带11省市HS编码下9大类产品中具有显性比较优势的产品数量，长江经济带下游地区中，上海和江苏具有比较优势的产业主要集中于化学制品、机械和电子产品等，产品品类齐全，结合前文产品空间演化图，上海总体优势产品2002～2018年下降了11%，但电子等高附加值产品优势增强，表明上海整体产业质量发展较高，而江苏比较优势产品增加7.4%，表明江苏的产业体系结构与上海较为接近，且逐步趋于完备。与上海、江苏不同的是，浙江在纺织品产业方面具有显著优势，且经过十多年的发展，该产业各产品品类之间连接更为密集。安徽产业发展相对落后，优势产品主要集中在化工和机械产业，优势产品品类有所下降。中游三省产业发展较为趋同，自2002年以来优势产品均有不同程度的增长，尤其是江西，化学制品、金属及矿产品发展迅猛，湖南农业发展较为突出，而湖北汽车工业在长江经济带优势明显。上游四省市中，重庆、四川优势产品品类下降，云南、贵州优势产品品类上升，但重庆、四川的优势产品主要集中在产品附加值较高的部分机械、汽车产业，而云南与湖南类似，农业发达，贵州电子产业具有较好的发展趋势，但总体看来上游四省市的产业门类较为单一，产业体系还不够完善。

表3.1　　2018年长江经济带11省市9大类产品优势产品数量　　　单位：种

HS编码大类产品	上海	江苏	浙江	安徽	江西	湖北	湖南	重庆	四川	云南	贵州
纺织品	63	82	131	50	56	33	32	3	16	19	9
农产品	24	35	63	56	58	56	74	16	23	82	22
石和玻璃	13	11	21	15	39	26	34	8	12	12	6
矿产品	16	9	3	12	24	10	19	1	5	16	7
金属	53	49	69	33	77	35	75	9	19	28	14
化学制品	98	93	80	70	98	80	77	18	40	44	21
车辆	10	12	10	12	6	14	9	7	4	7	2
机械	82	67	82	39	33	34	31	18	15	20	15
电子产品	22	20	21	7	13	12	14	6	7	5	13
总计	381	378	480	294	404	300	365	86	141	231	109

3.2.2.3 长江经济带产品密度分析

如果说产品空间是一张由产品依据相似性相互连接而成的网络，那么产品密度就代表每个产品所在位置的疏密程度。如果产品当前不具有比较优势，通过测度产品密度，可以看到该优势产品与其他优势产品连接的紧密程度，产品密度越大，产品越容易保持优势。在经济发展水平较低时，维持产品比较优势可以提升经济效益，但是经济发展到一定阶段，面临产能过剩、新旧动能转换等问题，需要不断淘汰落后产能，维持先进产能的比较优势。通过提升产品密度，一方面促进潜在产品成功转型；另一方面在政府引导下促进先进产能维持自身稳定性，从而促进产业发展。

本章将 2002~2018 年全国各省区市 1185 种产品的产品密度值作均值计算，得出长江经济带整体的产品密度高于全国水平，说明长江经济带具有较大的产业转型升级机会。具体来看，地区产品密度均值与该地区拥有的比较优势产品数量正相关，优势产品越多，产品密度均值越大，且呈现出产品密度值东高西低的特征。目前，长江经济带优势产品数量靠前的三个省市为浙江、江西及上海，产品密度相对较高；优势产品数量靠后的三个省市为重庆、贵州及四川，产品密度相对较低。从时间维度看，2002~2018 年长江经济带整体产品密度均值变化不大，呈现上升趋势，其中中部地区上升趋势显著，西部地区则表现出明显下降趋势。

为探究产品密度与长江经济带各地区经济发展水平的关系，本章进一步选取长江经济带 11 省市人均地区生产总值作为衡量经济发展水平的度量指标，通过绘制 2002 年、2010 年、2018 年长江经济带 11 省市平均产品密度与人均地区生产总值对数值的散点图，来探究产品密度与经济发展水平的关联。可以看到，图 3.14~图 3.16 中各年份趋势线均向右上方倾斜，表明地区经济发展水平与产品密度呈正向相关关系，且产品密度值随人均地区生产总值的增加而上升。具体来看，2002 年散点图拟合度最高，2010 年，东部地区散点拟合度降低，2018 年中西部地区散点拟合度降低。整体上表现出散点拟合度逐渐减小，人均地区生产总值差距缩小，收入较高的地区之间人均地区生产总值差距较大，而收入较低的地区之间人均地区生产总值差距较小等特征。表明在经济发展水平较低的时期，长江经济带遵循比较优势发展规律，更依赖传统产业基础，各区域表现为尊重自然条件差异性的流域分工生产形式，但随着中国经济的发展，长江经济带出现收入差距逐步缩小且部分地区适度偏离比较优势的特点。根据前文的分析，产品密度均值与各地区显性比较优势产品数量表现为正向相关关系，再结合平均产品密度与人均地区生产总值的散点图分布特征，可总结得到，那些拥有较少的优势产品但经济发展水平相对较高的省市，可能更加注重产业的专业化生产，而那些拥有较多优势产品但经济发展水平相对较低的省市，可能更加注重产业的多样化生产，也就是说，人均地区生产总值较高但产品密度较低的省市产业专业化程度更高，而人均地区生产总值较低但产品密度较高的省市产业多样化程度更高。

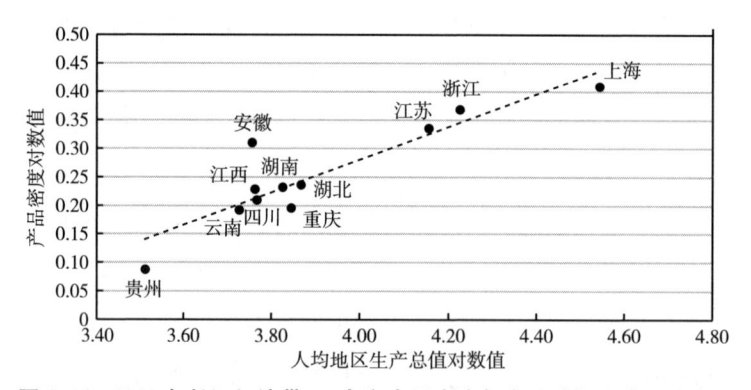

图 3.14　2002 年长江经济带 11 省市产品密度与人均地区生产总值变化

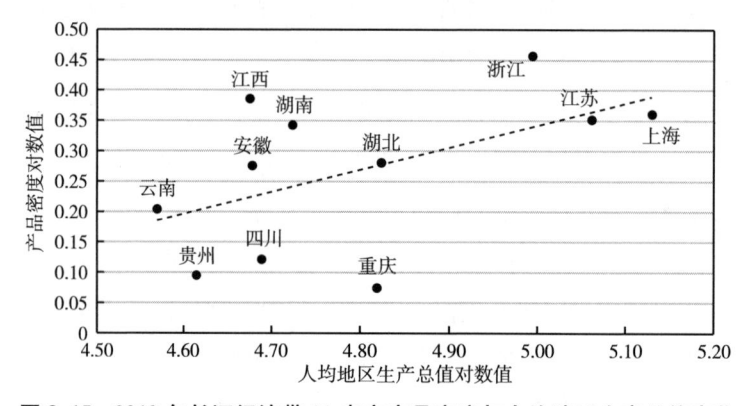

图 3.15　2010 年长江经济带 11 省市产品密度与人均地区生产总值变化

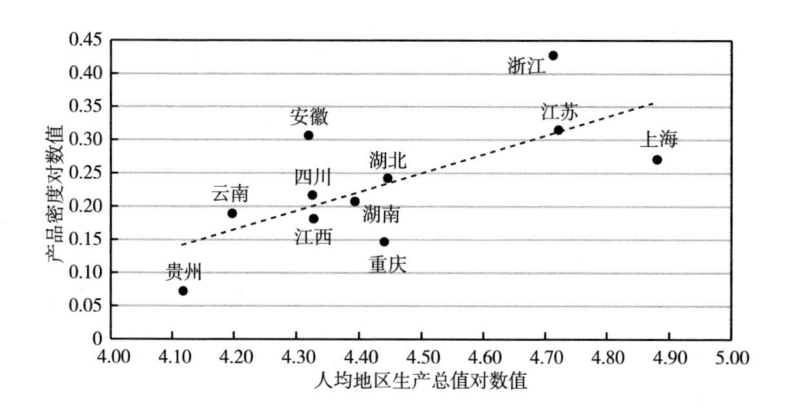

图 3.16 2018 年长江经济带 11 省市产品密度与人均地区生产总值变化

3.2.2.4　长江经济带产品复杂度分析

产品复杂度体现了产品本身所蕴含要素禀赋的丰裕程度，一般复杂的产品只能被那些能够生产多数优势产品的少数国家生产。因为高复杂性产品对土地、资本、劳动力、技术等生产要素的要求较高，经济越发达，经济复杂性产品越容易形成优势，反之，生产高复杂性产品附加值大，提升复杂性产品优势也有利于促进产业升级和经济高质量发展。在产品空间中，每种产品的复杂程度是一定的，且随着时间的推移变化不大。通过观察产品复杂性与产品比较优势在不同时期的变化，可以厘清产品复杂性如何影响产业发展。一般来说，如果地区经济发展水平较低，高复杂性产品较难形成比较优势或保持现有比较优势，对产业发展表现为抑制作用；若地区经济发展水平较高，则整体的产品复杂程度更高，高复杂性产品从潜在产品跃升为比较优势产品或保持优势的可能性会增大，对产业发展表现为促进作用。

本章首先构建 2002 年、2010 年及 2018 年中国出口产品复杂度频数累计分布图，对我国产品复杂度作总体性分析。图 3.17 中，横轴为产品复杂度，纵轴为产品的累计频数，17 年来中国的出口产品复杂度总体变化不大，呈现出复杂度分布不断集中的特点，复杂度偏低和偏高的产品数均有所下降，主要集中在 0.5 左右，表明加入世界贸易组织以来中国经济取得了较快的发展，但主要依靠低附加值产业和人口红利拉动，产品复杂度水平总体不高，中国经济必须进一步向高质量发展转变，从而实现产业的转型升级。

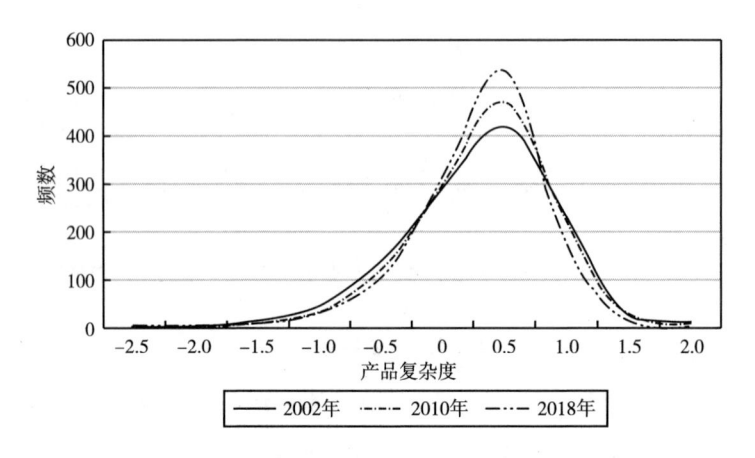

图3.17　2002~2018年长江经济带产品复杂度频数分布

为进一步研究长江经济带复杂性产品分布情况，本章对各地区高复杂性产品进行了系统梳理，由于产品复杂度具有较强的自稳定性且本书篇幅有限，故以2018年的数据为基础，整理得到长江经济带各省市具有比较优势的排名前10的复杂性产品品类（见表3.2）。根据表3.2可知，长江经济带各地区具有比较优势的高复杂性产品种类与其自身产业发展方向大致相同，如湖北的高复杂性产品包括巡航船、游船、渡船、驳船等客运、货运船等车辆船舶品类；重庆、四川的高复杂性产品主要为印刷机，电路开关、保护等电气装置的机械产品；贵州的高复杂性产品主要为废旧电池，机器或设备的电气零件等电子产品品类。整体来看，长江经济带复杂性产业布局较为完善，涵盖了主要的产品品类，尤其是在机械、化工、车辆以及电子等领域的部分高技术产业具有明显的比较优势。未来长江经济带各地区应发挥各自高复杂性产品的比较优势，并提升相应产业的产品密度，形成优势产业集群，以高技术产业发展为突破口促进地区产业协同升级。

表 3.2　　长江经济带 11 省市具有比较优势的高复杂性产品

地区	长江经济带各省市具有比较优势的高复杂性产品
上海	铜废碎料；香水及花露水；以贱金属为底的包银材料；钻石；石灰石助熔剂；手用粗筛、细筛初级形状的氨基树脂；已加工动物质雕刻材料及其制品；针织或钩编织物；糊墙织物
江苏	粗甘油；生牛皮、生马皮；镍锍、氧化镍烧结物及其他中间产品；铝废碎料；铜废碎料；回收（废碎）纸或纸板；羊毛及动物细毛或粗毛的废料；未精炼铜；铅矿砂及其精矿；已梳的棉花
浙江	可可豆；香水；以贱金属为底的包银材料；石灰石助熔剂；针织或钩编织物；精梳羊毛纱线；可可脂；手用粗筛、细筛；初级形状的氨基树脂；已加工动物质雕刻材料
安徽	护发品；可可脂、可可油、可可膏；羊毛脂；家用电动器具；口腔及牙齿清洁剂；冶炼钢铁所产生的熔渣等废料；棉纱线；化纤长丝纺制的缝纫线；涂胶或淀粉纺织物
江西	铸制或轧制玻璃板、片或型材及异型材；已加工动物质雕刻材料及其制品；家用电动器具；油鞣回收脂；美容品或化妆品及护肤品；残疾人用车；钴的氧化物及氢氧化物；铜制管子附件；合成纤维长丝纱线的机织物；镉及其制品
湖北	化学木浆；家用铝器具及其零件等；美容品或化妆品及护肤品木丝；已曝光已冲洗的摄影硬片及软片；客运、货运船；医药用品；印刷电路；各种材料制成的鞍具及挽具；休眠、生长或开花的根、茎；菊苣植物及其根
湖南	编结的帽坯；油鞣回收脂；钴的氧化物及氢氧化物；铁的氧化物及氢氧化物；塑型用膏；镉及其制品；自动售货机；编结帽；表壳用贵金属或包贵金属制成的表；儿童图画书
重庆	供治疗人体或动物制品；印刷机；电视接收机；视频监视器及视频投影机；书本装订机器；木制大桶；其他农、林业机器；信封；硬质材料加工机床；其他锌制品
四川	粗松螺旋花线；呈弧面、弯、凹等形的钟表、眼镜玻璃等；原电池；大麻；有机鞣料；电路开关、保护等电气装置；杀虫剂；其他合金钢板材；润滑剂及纺织材料；未列名检测仪器
云南	粗松螺旋花线；冶炼钢铁所产生的熔渣等废料；合成纤维长丝纱线的机织物；矿物钾肥及化学钾肥；面包；糯米纸等；丝纱线；其他锡制品；其他棉布；人造纤维短纤纺制的布；铝管
贵州	废旧电池；簇绒织物；具有独立功能的电气设备及装置；砝码、秤砣；激光器唱盘等声音重放设备；无线电话；纺织材料制的传动带或输送带；棉纱线；棉布

资料来源：笔者根据研究结果整理。

3.3 产品空间理论视角下长江经济带产业协调发展的实证研究

本节在前文现状分析的基础上，构建高维固定效应模型，从区域总体和内部结构两个层面对产品密度、产品复杂度与长江经济带产业协同升级关系进行实证检验。总体层面上，将长江经济带与全国产业升级情况作对比分析；内部结构层面，重点研究经济发展水平与技术创新对长江经济带产业协同升级的影响，最后对模型进行稳健性检验。

3.3.1 模型构建

根据产品空间理论，产业升级意味着生产能力禀赋的变化，即产品从不具备比较优势到具备比较优势的过程。通过观察产品在不同时期的变化可以判断产业是否成功升级。用产品密度和产品复杂度作为关键解释变量，可以测度产业升级对初始能力禀赋的依赖程度、偏离比较优势的程度以及高生产能力禀赋产业的稳定性。借鉴豪斯曼和克林格（Hausmann & Klinger，2007）、马海燕和于孟雨（2018）在验证产品密度及产品复杂度与产业升级联系时的互补性思想，构建如下双重作用模型：

$$\begin{aligned} x_{c,i,t+1} = {} & \alpha + \beta x_{c,i,t} + \lambda_1(x_{c,i,t})\omega_{c,i,t} + \lambda_2(x_{c,i,t})PCI^+_{c,i,t} + \lambda_3(x_{c,i,t})\omega_{c,i,t}PCI^+_{c,i,t} \\ & + \gamma_1(1-x_{c,i,t})\omega_{c,i,t} + \gamma_2(1-x_{c,i,t})PCI^+_{c,i,t} \\ & + \gamma_3(1-x_{c,i,t})\omega_{c,i,t}PCI^+_{c,i,t} + \delta X + \varepsilon_{c,i,t} \end{aligned} \quad (3.8)$$

在模型（3.8）中，X 表示"产品+年"和"省份+年"的虚拟变量向量，控制任何时变的产品或省份特征，ε 为扰动项，$x_{c,i,t}$ 为 t 时期 c 国家或地区产品 i 具有显性比较优势的逻辑值。当 t 时期产品具有显性比较优势时（$x_{c,i,t}=1$），产品密度、产品复杂度分别通过 λ_1、λ_2 抑制下一期产品失势，λ 若为正值，表明解释变量对产品继续保持比较优势有促进作用，若为负值则会加速产品失势。当 t 时期产品不具有显性比较优势时（$x_{c,i,t}=0$），产品密度、产品复杂度分别通过 γ_1、γ_2 影响下一期向新产品转移的可能性，γ 若为正，表明解释变量能够促进产业升级，若为负值或不显著，表明产业升级不依赖产品之间的关联性或产品的复杂程度，是偏离比较优势的发展路径。

3.3.2 计量检验

为实证检验产品密度、产品复杂度对长江经济带产业协同升级的影响，上文构建了实证模型。一般而言，离散型被解释变量使用 logit 方法估计，但 logit 模型在引入大量虚拟变量以后，可能会降低估计效果，且研究对象涉及超过 60 万条数据，具有大样本特征，检验结果具有无偏一致性，故本节采用高维固定效应模型作回归分析。为保证各时期系数具有可比性，需要对解释变量产品密度作标准化处理。接下来，我们首先针对模型假定作基本检验，然后从区域总体和内部结构两个层面进行实证分析。

3.3.2.1 模型的基本检验

为判定模型是否符合基本假定，对模型做异方差和多重共线性检验。

第一，异方差检验。对模型作 BP 检验和 White 检验，检验结果如表 3.3 所示。从表 3.3 中可以看出，在 1% 的显著性水平下，White 检验通过异方差检验，BP 检验总体通过了异方差检验，且核心解释变量产品密度和产品复杂度及其交互项也均通过异方差检验，说明模型的核心解释变量不存在异方差，表明由于数据具有大样本特征，不存在异方差问题，符合模型基本假定。

表 3.3　　　　　　　　　　　　异方差检验

检验项目	概率值
White 检验	0.0000
BP 检验	0.0000
$x_{c,i,t}$	0.0000
$x_{c,i,t}\omega_{c,i,t}$	0.0000
$x_{c,i,t}PCI_{c,i,t}^{+}$	0.0000
$x_{c,i,t}\omega_{c,i,t}PCI_{c,i,t}^{+}$	0.0000
$(1-x_{c,i,t})\omega_{c,i,t}$	0.0000
$(1-x_{c,i,t})PCI_{c,i,t}^{+}$	0.0000
$(1-x_{c,i,t})PCI_{c,i,t}^{+}\omega_{c,i,t}$	0.0000

第二，多重共线性检验。检验结果如表 3.4 所示，结果显示，产品密度、产品复杂度等解释变量的 VIF1 值均低于 10，模型的各个序列均不存在多重共线性，序列之间不存在相关性，解释变量之间不存在线性相关关系，也不会受到辅助变量的影响，模型具有无偏性。

表 3.4　　　　　　　　　　　多重共线性检验

变量	VIF1	1/VIF1
$(1-x_{c,i,t})PCI_{c,i,t}^{+}\omega_{c,i,t}$	4.90	0.204058
$(1-x_{c,i,t})PCI_{c,i,t}^{+}$	4.82	0.207559
$x_{c,i,t}$	2.27	0.439989
$x_{c,i,t}\omega_{c,i,t}$	2.22	0.450960
$x_{c,i,t}PCI_{c,i,t}^{+}$	2.12	0.472607
$x_{c,i,t}\omega_{c,i,t}PCI_{c,i,t}^{+}$	2.06	0.485060
$(1-x_{c,i,t})\omega_{c,i,t}$	1.08	0.922268
Mean VIF	2.78	

由于数据样本容量较大，暂不考虑其内生性问题。此外，当模型满足了内生性假定，也就满足了零均值假定。由于正态性假定不影响参数的点估计，因此本章对随机扰动项的正态性假定不做探讨。

3.3.2.2 区域总体层面的实证检验

为更好地探究长江经济带产业协同升级规律，本节首先从区域整体层面对长江经济带作实证分析，同时整理全国的数据与长江经济带作比较分析。回归结果如表3.5所示。

表3.5 产品密度、产品复杂度对全国及长江经济带产业协同升级回归结果

解释变量	全国	长江经济带
$x_{c,i,t}(\beta)$	0.682 ***	0.693 ***
	(0.002)	(0.003)
$x_{c,i,t}\omega_{c,i,t}(\lambda_1)$	0.049 ***	0.049 ***
	(0.001)	(0.002)
$x_{c,i,t}PCI^+_{c,i,t}(\lambda_2)$	-0.070 ***	-0.073 ***
	(0.004)	(0.006)
$x_{c,i,t}\omega_{c,i,t}PCI^+_{c,i,t}(\lambda_3)$	0.025 ***	0.026 ***
	(0.002)	(0.004)
$(1-x_{c,i,t})\omega_{c,i,t}(\gamma_1)$	0.031 ***	0.030 ***
	(0.000)	(0.001)
$(1-x_{c,i,t})PCI^+_{c,i,t}(\gamma_2)$	-0.002 ***	0.006 ***
	(0.001)	(0.001)
$(1-x_{c,i,t})PCI^+_{c,i,t}\omega_{c,i,t}(\gamma_3)$	-0.000	0.004 ***
	(0.000)	(0.001)
Constant	0.059 ***	0.062 ***
	(0.000)	(0.001)
Observations	587760	208560
R-squared	0.578	0.587

注：表中数据根据Stata15软件整理得出，其中，*** 表示1%显著性水平。

根据表3.5，全国和长江经济带解释变量 $x_{c,i,t}$ 的系数 β 均显著，分别为0.682、0.693，表明比较优势有较强的自稳定性，产业一旦形成比较优势，在未来维持比较优势的可能性较大，且长江经济带保持固有比较优势能力高于全国平均水平。

从产品密度看，全国、长江经济带的系数 λ_1、γ_1 均显著且基本一致，这表明：第一，全国和长江经济带整体的生产能力禀赋较为接近；第二，产品在具有比较优势的情况下，产品密度的积累对保持现有比较优势具有促进作用，且产品密度每提升1个标准差，产品保持比较优势的可能性增加4.9%；第三，产品当前不具备比较优势时，产品密度提升将促进潜在产品向优势产品跨越，实现产业升级；第四，λ_1 整体上大于 γ_1，表明在显性比较优势具有强自相关的情况下，产品密度在抑制产品失势上起到更大的作用，也说明产业的发展遵循一定的规律，优势产业本身积累了大量的能力禀赋，而潜在优势产业或者新兴产业缺乏相关要素禀赋支持以实现创新突破，只表现出小幅度的产业升级，若要实现大幅度的创新升级，需借助政府与市场等外部力量的支持。

从产品复杂度看，全国和长江经济带系数 λ_2 均为负，产品复杂度每提升1个标准差，全国和长江经济带产品失势的可能性约增加7%，系数 γ_2 全国表现为负，长江经济带为正。这表明：第一，产品复杂度对全国和长江经济带产品保持优势具有明显的抑制作用；第二，产品复杂度提升不利于全国产业升级，但能促进长江经济带产业升级，说明长江经济带复杂性产业基础发展水平高于全国平均水平，在高复杂性产业领域实现创新突破的机会更大；第三，γ_2 值较小，说明产品复杂度对长江经济带乃至全国这样大范围的区域实现产业升级作用较弱。一般来说高复杂性产品对资本、技术等要素禀赋的要求较高，产品复杂度越高，地区要想形成这类产业的比较优势越困难，且由于地区产业发展水平的差异，高复杂性产品未能形成优势产业集群，难以支撑其保持稳定的比较优势，因此 λ_2、γ_2 主要表现为负相关。产品密度与产品复杂度的交互项对被解释变量总体表现出促进作用，但对全国产业升级的作用不显著，说明对于全国和长江经济带，产品密度与产品复杂度作用相反，交互项解释力度减弱。

总体上看，相比于全国的产业发展情况，长江经济带具有一定的产业基础且在高复杂性产业上更具优势，产品密度和产品复杂度均能促进长江经济带实现产业升级，且产品密度的促进作用更大。

3.3.2.3 内部结构层面的实证检验

1. 经济发展水平层面的实证检验

为研究长江经济带内部省市产业发展规律以及产业升级差异,本章进一步以经济发展水平差异为切入点,对长江经济带高收入及中高收入地区进行实证检验。根据前文对地区经济发展水平的划分,长江经济带中,上海、江苏、浙江为高收入地区,其余八省市为中高收入地区,回归结果如表3.6所示。

表3.6　产品密度、产品复杂度对长江经济带不同收入水平地区产业协同升级回归结果

解释变量	长江经济带高收入地区	长江经济带中高收入地区
$x_{c,i,t}(\beta)$	0.767***	0.653***
	(0.006)	(0.005)
$x_{c,i,t}\omega_{c,i,t}(\lambda_1)$	0.028***	0.044***
	(0.005)	(0.004)
$x_{c,i,t}PCI^+_{c,i,t}(\lambda_2)$	0.080***	−0.156***
	(0.012)	(0.009)
$x_{c,i,t}\omega_{c,i,t}PCI^+_{c,i,t}(\lambda_3)$	−0.039***	0.049***
	(0.009)	(0.006)
$(1-x_{c,i,t})\omega_{c,i,t}(\gamma_1)$	0.020***	0.034***
	(0.003)	(0.001)
$(1-x_{c,i,t})PCI^+_{c,i,t}(\gamma_2)$	0.023***	0.001
	(0.003)	(0.001)
$(1-x_{c,i,t})PCI^+_{c,i,t}\omega_{c,i,t}(\gamma_3)$	0.010***	0.002**
	(0.001)	(0.001)
Constant	0.072***	0.059***
	(0.002)	(0.001)
Observations	56880	151680
R-squared	0.658	0.538

注:表中数据根据Stata15软件整理得出,其中,***、**分别表示1%、5%的显著性水平。

高收入地区显性比较优势系数 β 为 0.767，在所有实验组中最高，表明高收入地区优势产品自稳定性最强。从产品密度看：第一，高收入地区和中高收入地区系数 λ_1、γ_1 均显著为正，表明产品密度对不同经济发展水平地区均有促进作用，和前文结论一致；第二，中高收入地区产品密度提升对产品保持比较优势和产业升级的促进作用均高于高收入地区，表明收入较低的地区更加依赖传统比较优势，而高收入地区的依赖性降低。

从产品复杂度看：第一，系数 λ_2 在高收入地区显著为正，在中高收入地区显著为负，产品复杂度每提升 1 个标准差，中高收入地区产品失势概率增加 15.6%，但高收入地区保持优势的机会增加 8%。表明随着产品复杂度提升，经济发展水平越低的地区，复杂性产品失势的可能性越大，而经济发展水平越高的地区越容易保持优势。第二，系数 γ_2 在高收入地区正相关，在中高收入地区不显著，说明产品复杂度能够促进长江经济带经济发展水平高的地区产业升级，但对经济发展水平较低的地区作用不明显。从交互项看，由于产品密度对被解释变量均为正相关，交互项基本上也表现为正向促进作用，但高收入地区的系数 λ_3 为负值，可能的原因为，高收入地区中那些密度大同时又很复杂的产品对要素禀赋要求也更高，很难持续保持其比较优势。

根据上述结果可知，长江经济带内部地区产业升级方向表现出明显的差异性。经济发展水平较低的地区，表现出对要素禀赋的依赖性，主要发展现有比较优势产品和与之密切相关的邻近产品，遵循比较优势发展的产业升级路径，而随着地区经济发展水平的提高，这些地区拥有更高的生产力水平、技术、制度、人力资源等要素禀赋，突破了产品连接密度的藩篱，以一种创新的方式，在产品空间中适度偏离比较优势，跳跃到更远的距离，从而促进产业升级。进一步，从产业的技术复杂程度看，由于发达地区拥有更多高复杂性产品，并形成优势产业集群，而欠发达的地区尚不具备这种能力，因此产业复杂性在一定程度上抑制了欠发达地区的发展，而促进了发达地区的发展。

2. 技术创新层面的实证检验

除经济发展水平以外，技术创新也是影响区域实现产业升级的重要因素，本章进一步以高技术产业为另一切入点，研究长江经济带高技术产业和非高技术产业的产业升级差异，并以全国高技术产业与非高技术产业数据为对照组，进行比较分析。

为研究长江经济带高技术产业升级路径，本章按照国民经济行业分类标准（GB/T 4754 – 2017）与所有经济活动的国际标准行业分类标准（ISIC Rev.4）的对应表以及联合国规定的HS编码与ISIC Rev.4对应表，将4位数HS编码转化成国民经济行业编码，再按照国家对高技术产业的分类标准，最终将1185种产品分为高技术产业（290种产品）和非高技术产业（895种产品），回归结果如表3.7所示。

表3.7　产品密度、产品复杂度对全国及长江经济带产业层面的回归结果

解释变量	全国高技术产业	全国非高技术产业	长江经济带高技术产业	长江经济带非高技术产业
$x_{c,i,t}(\beta)$	0.673 *** (0.004)	0.682 *** (0.002)	0.672 *** (0.006)	0.699 *** (0.004)
$x_{c,i,t}\omega_{c,i,t}(\lambda_1)$	0.065 *** (0.002)	0.044 *** (0.001)	0.075 *** (0.004)	0.039 *** (0.002)
$x_{c,i,t}PCI^+_{c,i,t}(\lambda_2)$	– 0.086 *** (0.009)	– 0.071 *** (0.004)	– 0.094 *** (0.015)	– 0.071 *** (0.007)
$x_{c,i,t}\omega_{c,i,t}PCI^+_{c,i,t}(\lambda_3)$	0.043 *** (0.005)	0.021 *** (0.002)	0.043 *** (0.009)	0.022 *** (0.004)
$(1-x_{c,i,t})\omega_{c,i,t}(\gamma_1)$	0.030 *** (0.001)	0.032 *** (0.001)	0.032 *** (0.002)	0.029 *** (0.001)
$(1-x_{c,i,t})PCI^+_{c,i,t}(\gamma_2)$	– 0.017 *** (0.002)	0.001 (0.001)	– 0.012 *** (0.003)	0.008 *** (0.001)
$(1-x_{c,i,t})PCI^+_{c,i,t}\omega_{c,i,t}(\gamma_3)$	– 0.009 *** (0.001)	0.002 *** (0.001)	– 0.004 * (0.002)	0.005 *** (0.001)

续表

解释变量	全国高技术产业	全国非高技术产业	长江经济带高技术产业	长江经济带非高技术产业
Constant	0.060 *** (0.001)	0.059 *** (0.000)	0.070 *** (0.002)	0.061 *** (0.001)
Observations	143840	443920	51040	157520
R-squared	0.596	0.572	0.606	0.581

注：表中数据根据 Stata15 软件整理得出，其中，***、* 分别表示1%、10%的显著性水平。

首先分析长江经济带的情况，系数 β 均显著，且高技术产业对初始资源禀赋的依赖程度略低一些。产品密度每提升1个标准差，高技术产业和非高技术产业保持现有比较优势的可能性分别增加7.5%、3.9%，实现产业升级的机会分别增加3.2%、2.9%。这表明相比于非高技术产业，产品密度能够更有效促进长江经济带高技术产业保持现有比较优势以及跳跃到新的产品上实现产业升级。再看产品复杂度，系数 λ_2 均为负值，且对高技术产业失势的促进作用更强，系数 γ_2 高技术产业为 -0.012，非高技术产业为0.008，表明由于长江经济带整体产品复杂性还不够高，且高技术产业中产品普遍复杂度较高，导致产品复杂度对长江经济带高技术产业升级表现出抑制作用，对非高技术产业升级表现出较弱的正向作用。交互项系数均显著，λ_3 与产品密度的影响一致，均显著为正，系数 γ_3 与产品复杂度的影响一致，表现为一正一负。再看全国的回归结果，全国高技术与非高技术产业升级的规律与长江经济带基本一致，相比之下，产品密度、产品复杂度对长江经济带的作用更加明显。

总体上看，无论是全国还是长江经济带，高技术产业对初始要素禀赋的依赖程度均大于非高技术产业，具体表现为在保持优势和产业升级上，产品密度对高技术产业有较大的促进作用，产品复杂度对高技术产业有较强的抑制作用。长江经济带高技术产业遵循比较优势升级规律，发展速度快于全国但仍有较大上升空间。

3.3.3 稳健性检验

为保证模型结果的可靠性，本章以产品的显性比较优势真实值 $RCA_{c,i,t}$ 替代模型中的二值变量 $x_{c,i,t}$，并对 $RCA_{c,i,t}$ 取对数以保证检验结果无偏性，将 $\log(RCA_{c,i,t})$ 记为 $x'_{c,i,t}$，由此构建稳健性检验模型：

$$x'_{c,i,t+1} = \alpha + \beta x'_{c,i,t} + \lambda_1 (x'_{c,i,t})\omega_{c,i,t} + \lambda_2 (x'_{c,i,t})PCI^+_{c,i,t} + \lambda_3 (x'_{c,i,t})\omega_{c,i,t}PCI^+_{c,i,t} \\ + \gamma_1 (1 - x'_{c,i,t})\omega_{c,i,t} + \gamma_2 (1 - x'_{c,i,t})PCI^+_{c,i,t} \\ + \gamma_3 (1 - x'_{c,i,t})\omega_{c,i,t}PCI^+_{c,i,t} + \delta X + \varepsilon_{c,i,t} \tag{3.9}$$

3.3.3.1 产业协同升级稳健性检验

在以显性比较优势对数值为被解释变量及其滞后一期为解释变量的情况下，对全国、长江经济带、长江经济带高收入地区、长江经济带中高收入地区的产业协同升级做稳健性检验。检验结果全部显著。

全国与长江经济带所有解释变量系数正负性保持一致，且较为相近，产品密度系数为正、产品复杂度系数为负、交互项系数为正（见表3.8）。与全国相比，产品密度对长江经济带产业升级促进作用更强，产品复杂度对长江经济带产业升级表现为抑制作用，但低于全国的水平，说明由于显性比较优势指数放松了临界值的假设，体现出产品生产能力禀赋积累的连续性，使得稳健性检验结果在前文实证结果的基础上被放大，这进一步说明，长江经济带是中国经济高质量发展的排头兵，拥有较好的优势产业基础和高于全国平均水平的生产能力禀赋，但整体产品复杂度仍有待提升。

表3.8 产品密度、产品复杂度对全国及长江经济带等区域产业协同升级稳健性检验

解释变量	全国	长江经济带
$x'_{c,i,t}(\beta)$	0.754*** (0.002)	0.742*** (0.003)

续表

解释变量	全国	长江经济带
$x'_{c,i,t}\omega_{c,i,t}(\lambda_1)$	0.228 *** (0.003)	0.255 *** (0.005)
$x'_{c,i,t}PCI^+_{c,i,t}(\lambda_2)$	-0.329 *** (0.008)	-0.267 *** (0.014)
$x'_{c,i,t}\omega_{c,i,t}PCI^+_{c,i,t}(\lambda_3)$	0.119 *** (0.006)	0.065 *** (0.010)
$(1-x'_{c,i,t})\omega_{c,i,t}(\gamma_1)$	0.194 *** (0.003)	0.209 *** (0.005)
$(1-x'_{c,i,t})PCI^+_{c,i,t}(\gamma_2)$	-0.254 *** (0.006)	-0.185 *** (0.010)
$(1-x'_{c,i,t})PCI^+_{c,i,t}\omega_{c,i,t}(\gamma_3)$	0.125 *** (0.005)	0.087 *** (0.009)
Constant	-0.387 *** (0.003)	-0.371 *** (0.005)
Observations	373996	143851
R-squared	0.666	0.660

注：表中数据根据 Stata15 软件整理得出，其中，*** 表示 1% 的显著性水平。

长江经济带高收入地区与中高收入地区与前文实证分析一致，产品密度对中高收入地区的影响更大，既促进了现有优势产品保持比较优势也促进了当前没有比较优势的产品实现转型升级，而对于高收入地区作用的效果相对较弱；产品复杂度对中高收入地区表现出抑制作用，但对高收入地区作用相反，表现出了促进作用（见表3.9）。原因可能在于高收入地区产品空间密集度具有多样化优势，且产品复杂性程度较高，能够适度地偏离比较优势；中高收入地区产品空间中优势产品相对单一且复杂性不高，对既有要素禀赋依赖程度较大，故产品密度表现出明显的正向作用，产品复杂度则为负向作用。

表 3.9 产品密度、产品复杂度对长江经济带不同收入水平地区产业协同升级稳健性检验

解释变量	长江经济带高收入地区	长江经济带中高收入地区
$x'_{c,i,t}(\beta)$	0.825 *** (0.007)	0.700 *** (0.004)
$x'_{c,i,t}\omega_{c,i,t}(\lambda_1)$	0.158 *** (0.010)	0.343 *** (0.007)
$x'_{c,i,t}PCI^+_{c,i,t}(\lambda_2)$	0.111 *** (0.021)	-0.442 *** (0.018)
$x'_{c,i,t}\omega_{c,i,t}PCI^+_{c,i,t}(\lambda_3)$	-0.120 *** (0.015)	0.227 *** (0.013)
$(1-x'_{c,i,t})\omega_{c,i,t}(\gamma_1)$	0.133 *** (0.008)	0.294 *** (0.007)
$(1-x'_{c,i,t})PCI^+_{c,i,t}(\gamma_2)$	0.134 *** (0.014)	-0.339 *** (0.014)
$(1-x'_{c,i,t})PCI^+_{c,i,t}\omega_{c,i,t}(\gamma_3)$	-0.064 *** (0.015)	0.207 *** (0.013)
Constant	-0.171 *** (0.006)	-0.493 *** (0.007)
Observations	49897	93954
R-squared	0.759	0.632

注：表中数据根据 Stata15 软件整理得出，其中，*** 表示 1% 的显著性水平。

3.3.3.2 产业层面的稳健性检验

在以显性比较优势对数值为被解释变量及其滞后一期为解释变量的情况下，对全国和长江经济带高技术产业及非高技术产业做稳健性检验，检验结果如表 3.10 所示，全部显著。

表3.10　产品密度、产品复杂度对全国及长江经济带产业层面的稳健性检验

解释变量	全国高技术产业	全国非高技术产业	长江经济带高技术产业	长江经济带非高技术产业
$x'_{c,i,t}(\beta)$	0.757*** (0.004)	0.751*** (0.002)	0.743*** (0.006)	0.740*** (0.004)
$x'_{c,i,t}\omega_{c,i,t}(\lambda_1)$	0.246*** (0.006)	0.224*** (0.003)	0.275*** (0.011)	0.250*** (0.006)
$x'_{c,i,t}PCI^+_{c,i,t}(\lambda_2)$	−0.302*** (0.019)	−0.338*** (0.009)	−0.244*** (0.031)	−0.277*** (0.015)
$x'_{c,i,t}\omega_{c,i,t}PCI^+_{c,i,t}(\lambda_3)$	0.129*** (0.014)	0.115*** (0.006)	0.075*** (0.023)	0.062*** (0.010)
$(1-x'_{c,i,t})\omega_{c,i,t}(\gamma_1)$	0.211*** (0.006)	0.188*** (0.003)	0.225*** (0.010)	0.205*** (0.006)
$(1-x'_{c,i,t})PCI^+_{c,i,t}(\gamma_2)$	−0.250*** (0.014)	−0.257*** (0.007)	−0.195*** (0.022)	−0.189*** (0.012)
$(1-x'_{c,i,t})PCI^+_{c,i,t}\omega_{c,i,t}(\gamma_3)$	0.122*** (0.013)	0.121*** (0.006)	0.081*** (0.022)	0.085*** (0.010)
Constant	−0.375*** (0.006)	−0.392*** (0.004)	−0.339*** (0.009)	−0.383*** (0.006)
Observations	110785	263211	42691	101160
R-squared	0.671	0.663	0.663	0.659

注：表中数据根据Stata15软件整理得出，其中，***表示1%的显著性水平。

全国及长江经济带高技术产业与非高技术产业检验结果支持原有结论，产品密度更能促进高技术产业保持优势和实现产业升级，产品复杂度更能促进非高技术产业失势，并在一定程度上抑制产业升级。长江经济带高技术产业相较于全国，拥有更好的产业基础和产业优势，且对初始生产能力禀赋依赖程度较高。这些结论表明，长江经济带在高新技术产业中积累的生产能力禀赋还不足以使其实现跨越式发展，未来应遵循比较优势发展规律加快培育高技术产业整体优势。

3.4 本章小结

本章运用产品空间理论研究长江经济带产业协调发展问题，首先以可视化空间图刻画了长江经济带 11 省市产业发展演进过程，分析了长江经济带比较优势产业、产品密度及产品复杂度等方面的发展情况，然后针对产品密度和产品复杂度对长江经济带产业协调发展的影响做实证检验，得出长江经济带产品空间有较强的自稳定性，整体依循比较优势发展路径，内部 11 省市发展各有特点，中高收入地区产品密度及产品复杂度整体偏低，呈现出依赖比较优势的产业发展路径。中部安徽、江西、湖北及湖南四省产品多样化程度较高，复杂性低，应完善省际协商合作机制、结合区位条件，统筹协调发展，在农纺织品、金属石料以及化工机械等各自优势领域实现产业升级。西部重庆、四川、云南及贵州四省市产品密度较低，产业缺乏多样化，应适当拓宽优势产业范围，增大产品密度，以获取更多产业发展机会。高收入地区产品密度大，产品复杂度高，表现为适度偏离比较优势的跨越式发展路径，应利用生产能力禀赋优势，淘汰落后产能，进一步向电子信息、医药工程、航空计算机等高技术重点产业跨越，带动长江经济带经济的高质量发展。未来长江经济带应将遵循比较优势作为基本发展路径，建立区域内部差异化发展的协同发展机制，以提升产品密度及产品复杂度为发展重点，以创新驱动高新技术产业发展为突破口，强化政府引导和市场协调的保障作用，促进长江经济带整体协调发展。

第 4 章

新时代长江经济带绿色发展：
基于生态利益的视角

作为中国特色社会主义生态文明建设的具体实践，推进长江经济带绿色发展离不开马克思主义的科学指导。当前仍未根本转变的传统发展方式加剧了长江经济带生态利益关系矛盾，使得长江经济带绿色发展诉求日益强烈。在此背景下，推进新时代长江经济带绿色发展的本质要求是促进生态利益关系格局新均衡。因此，应全面加强党对推进长江经济带绿色发展工作的领导，以生产方式和生活方式的绿色化变革助推生态利益整合，以生态利益整合促进生态利益关系格局新均衡，从而推进新时代长江经济带绿色发展。

长江经济带是当前中国经济实力最强且具有重大战略地位的经济带，也是引领新时代经济高质量发展的生力军。同时，绿色是长江经济带的底色，绿色发展是长江经济带高质量发展的必由之路。党的十九大报告强调"以共抓大保护，不搞大开发为导向推动长江经济带发展"[①]。2018 年 4 月 26 日，习近平总书记在深入推动长江经济带发展座谈会上的讲话中深刻指出："推动长江经济带发展必须从中华民族长远利益考虑，把修复长江

[①] 习近平. 决胜全面建成小康社会夺取新时代中国特色社会主义伟大胜利——在中国共产党第十九次全国代表大会上的报告 [R]. 北京：人民出版社，2017：33.

生态环境摆在压倒性位置，共抓大保护、不搞大开发，努力把长江经济带建设成为生态更优美、交通更顺畅、经济更协调、市场更统一、机制更科学的黄金经济带，探索出一条生态优先、绿色发展新路子。"① 毋庸置疑，作为中国特色社会主义生态文明建设的具体实践，推进长江经济带绿色发展离不开马克思主义的科学指导。在此背景下，从马克思主义生态利益视角切入，把握长江经济带生态利益关系矛盾，进而探析长江经济带绿色发展，构成本章的研究旨趣。

4.1 新时代长江经济带绿色发展诉求缘起：生态利益关系矛盾加剧

改革开放以来，随着长江流域经济的长足发展，横贯东西、连接南北的经济带逐渐形成，并日益发挥出强有力的辐射带动作用。党的十八大以来，长江经济带开启了发展的新篇章。2016年1月5日和2018年4月26日，习近平总书记先后主持召开两次长江经济带发展座谈会，并提出了"共抓大保护、不搞大开发""生态优先、绿色发展"等重大战略思想。这些战略思想作为习近平生态文明思想的重要组成部分，是马克思主义生态文明思想在当代中国的新发展。

我们知道，自然是人类活动的对象，人类活动从未停止过对生态环境施加影响。在工业社会之前，有限的生产力水平使得人类活动对生态环境施加的影响尚处在生态环境自我调节和修复的范围，因而生态利益关系格局能够总体保持在均衡状态。对于长江流域而言，商周以来逐渐形成的小农经济结构使得马克思所称的"依靠小农业与家庭工业相结合而存在的中国社会经济结构"② 在这个流域普遍呈现。因此，在漫长的数千年的自然

---

① 习近平. 在深入推动长江经济带发展座谈会上的讲话[J]. 求是，2019 (17)：4-14.
② 马克思恩格斯全集（第19卷）[M]. 北京：人民出版社，2006：20.

经济状态下，长江流域的人类活动并未对流域生态利益关系格局均衡构成大的威胁。但是，随着工业社会来临，生产力飞速发展在给人类带来丰裕物质财富的同时，也使得人类活动不断挑战生态环境的承载能力。于是，长江流域经济发展催生出的长江经济带，既得益于新中国成立以来特别是改革开放以来的生产力发展，极大提升了经济实力，又受制于传统发展方式，面临着形势严峻的生态环境问题。

作为长江经济带发展的时代背景，我国社会主要矛盾已经转化为人民日益增长的美好生活需要和不平衡不充分的发展之间的矛盾。同时，人民群众对优美生态环境的需要，作为日益增长的美好生活需要的重要方面，长期受到不平衡不充分发展的制约。具体而言，在长江经济带发展的过程中，特殊利益总是呈现为"所追求的仅仅是自己的特殊的、对他们来说是同他们的共同利益不相符合的利益"①。这些特殊利益不断强化，阻碍了长江经济带生态环境共同利益的实现，造成共同利益与特殊利益之间矛盾不断凸显，从而引致出体现长江经济带发展不平衡不充分的生态环境问题。对此，近年来党和国家开展了一系列的专项整治行动，在强化顶层设计、改善生态环境、促进转型发展、探索体制机制改革等方面取得了积极进展，使得长江经济带生态环境有所改善。以长江流域水质改善为例，长江流域Ⅰ～Ⅲ类水质比例由2012年的82.2%提高到2018年的77.3%，劣Ⅴ类水质比例由2012年的5.9%下降到2018年的1.8%②。然而，仍未根本转变的传统发展方式继续加剧长江经济带生态利益关系矛盾，并通过生产层面和生活层面表现出来。在此背景下，传统生产方式和传统生活方式产生的不利影响，使得长江经济带生态环境保护形势依旧严峻。

一方面，传统生产方式对长江经济带流域生态环境产生不利影响。流域资源的公共性特征，使得流域生态环境的共同利益极易遭受妨害。对于

---

① 马克思恩格斯选集（第1卷）[M]．北京：人民出版社，1995：85．
② 资料来自生态环境部（原环境保护部）的《2012年中国生态环境状况公报》《2018年中国生态环境状况公报》。

长江经济带发展而言，当前仍然存在的"先污染后治理、先破坏后修复"的传统生产方式已经不符合绿色发展的要求。长江经济带流域分工的不合理，导致生态利益关系格局内部特殊利益与共同利益之间矛盾不断显现，从而形成流域生态环境问题[①]。这些问题主要包括：第一，受长江经济带传统生产方式惯性影响，生产污染物排放量大。据统计，长江经济带废水占全国的43%，化学需氧量占全国的37%，氨氮排放量占全国的43%[②]。第二，长江经济带干支流分布的环境风险企业众多，为流域生态环境带来巨大风险隐患。据统计，有30%的环境风险企业位于居民饮用水源地的周边5公里范围内，同时长江干线港口危险化学品年吞吐量达1.7亿吨，运输量仍以年均近10%的速度增长[③]。第三，长江经济带污染的空间转移态势严峻，主要表现为污染产业向中上游转移风险隐患加剧。长江下游地区高耗水、高耗能、高污染产业，比如造纸、印染、化学原料、皮革等，向中上游地区跨区域转移态势持续，加剧了中上游地区生态风险。

另一方面，传统生活方式对长江经济带流域生态环境产生不利影响。传统生活方式通常缺乏生态环保意识，对生态环境的重要性认识不足。特别是随着消费时代的来临，日常生活场域向长江流域生态环境过度排放生活废弃物。这些庞大规模的生活废弃物排放，造成长江经济带生态环境负荷加重，使得流域生态环境问题更为严峻。深入生态利益层面可知，长江经济带的传统生活方式加剧了生态利益关系格局内部特殊利益与共同利益之间的矛盾，进而加重了人与自然之间的紧张关系。从生活废弃物排放规模来看，2017年，长江经济带生活垃圾清运量共计8921.2万吨，占全国总清运量的41.45%；城镇生活污水排放量共计209.21亿立方米，占全国总排放量的42.49%[④]。与此同时，生活废弃物处理工作协同性弱，跨区域违法倾倒呈多发态势。这就为不法行为提供了可乘之机，甚至造成极端

---

① 易淼. 流域分工视角下长江经济带高质量发展初探——一个马克思主义政治经济学的解读[J]. 经济学家，2019（7）：51-59.
②③ 习近平. 在深入推动长江经济带发展座谈会上的讲话[J]. 求是，2019（17）：4-14.
④ 根据《中国环境统计年鉴（2018）》的数据计算而得。

案例发生。比如,在2016年12月,共计2000余吨的生活垃圾被不法分子从浙江省海盐县运出,并粗暴倾倒至长江太仓段白北水道,造成大量垃圾在长江漂浮,污染长度绵延数十公里,导致太仓紧急启用备用水源地[①]。

可以发现,长江经济带绿色发展所面临的突出困难与挑战,本质上都是传统发展方式下生态利益关系格局演进的产物。传统生产方式和传统生活方式分别从生产层面和生活层面,对长江经济带流域生态环境产生双重的不利影响,不断加剧流域生态利益关系格局内部的特殊利益与共同利益之间的矛盾,使得长江经济带仍然面临着严峻的生态环境问题。对此,习近平总书记深刻指出,长江经济带"生态环境形势依然严峻","推动长江经济带发展,前提是坚持生态优先,把修复长江生态环境摆在压倒性位置,逐步解决长江生态环境透支问题。"[②] 可见,绿色发展是当前长江经济带发展的强烈诉求。

4.2 推进新时代长江经济带绿色发展的本质要求:促进生态利益关系格局新均衡

面对当前长江经济带生态利益关系矛盾加剧和生态环境严峻的形势,促进生态利益关系格局新均衡已经成为推进新时代长江经济带绿色发展的本质要求。促进长江经济带生态利益关系格局新均衡,首先应准确把握生态利益关系格局演进规律。具体而言,要在人与自然关系以及人与人关系之间的矛盾运动中把握长江经济带生态利益关系格局演进,在此基础上,紧扣生态利益关系格局良性演进的基本前提,积极稳妥地进行长江经济带生态利益关系调整,从而在促进生态利益关系格局新均衡中不断推进新时代长江经济带绿色发展。

---

① 萧君玮. 崇明附近江域漂浮外来垃圾带[N]. 新民晚报, 2016-12-23.
② 习近平. 在深入推动长江经济带发展座谈会上的讲话[J]. 求是, 2019 (17): 4-14.

4.2.1 在人与自然关系以及人与人关系之间的矛盾运动中把握长江经济带生态利益关系格局演进

长江经济带生态利益关系格局既涉及人与自然关系的维度,又涉及人与人关系的维度。正如英国马克思主义学者克里斯托弗·考德威尔所说,"人与大自然之间相互渗透,或互相反射。对这一点的充分理解,就是对必然性的认识;不仅认识大自然的必然性,而且认识自身的、因此也就是社会的必然性"[1]。推进新时代长江经济带绿色发展,要求我们既要从人与自然之间物质交换关系变迁中把握人与人之间的利益关系,又要结合人与人之间的利益关系来理解人与自然之间物质交换关系。而且,按照历史唯物主义的逻辑,生态问题的本质是利益问题。因此,破解当前长江经济带的生态问题,推进新时代长江经济带绿色发展,不仅要准确把握长江经济带建设中人与自然关系,而且要深层探析长江经济带建设中人与人之间围绕自然资源占有与支配而形成的物质利益关系。

同时,长江经济带生态利益关系格局演进受到人与人关系以及人与自然关系之间矛盾运动的牵引。对于人与人关系以及人与自然关系之间的矛盾运动,马克思和恩格斯在《德意志意识形态》一书中进行了精辟阐述,即"人们对自然界的狭隘的关系制约着他们之间的狭隘的关系,而他们之间的狭隘的关系又制约着他们对自然界的狭隘的关系"[2]。在长江经济带的发展进程中,人与人关系以及人与自然关系之间的矛盾运动牵引着生态利益关系格局演进,使得后者呈现为"均衡—失衡—调整—新均衡"的路径和规律。具体而言,如果长江经济带人与人关系以及人与自然关系之间的矛盾运动加剧了生态环境特殊利益与共同利益之间的

---

[1] 考德威尔. 考德威尔文学论文集 [M]. 陆建德,等译. 南昌:百花洲文艺出版社,1995:286.
[2] 马克思恩格斯选集(第1卷)[M]. 北京:人民出版社,1972:35.

矛盾，甚至导致生态环境共同利益旁落，则将造成长江经济带生态利益关系格局的错位与失衡。在这样的情形下，不合理的生产方式与生活方式将破坏长江经济带自然资源和生态环境的底线，并引致一系列的生态问题。若对此不施加必要的生态利益关系调整，生态利益失衡旧格局延续以及在此基础上的生态问题恶化势必引发生态环境的"灰犀牛"式危机。与此同时，另一种情形则是通过不断推动长江经济带人与人之间和谐关系以及人与自然之间和谐关系的形成，积极稳妥地进行生态利益关系调整，强化生态环境共同利益，充分抑制不合理的特殊利益追求，进而推动长江经济带生态利益关系格局向新均衡演进。显然，这一情形下生态利益关系格局所呈现的演进路径，与新时代长江经济带绿色发展的本质要求相契合。

4.2.2 在促进生态利益关系格局新均衡中推进新时代长江经济带绿色发展

促进长江经济带生态利益关系格局良性演进的基本前提是尊重自然发展规律与社会发展规律，并坚持遵循自然发展规律与社会发展规律相统一。"不以伟大的自然规律为依据的人类计划，只会带来灾难"[1]，这不仅是因为"人因自己的工具而具有支配外部自然界的力量，然而就自己的目的来说，他却服从自然界"[2]，而且是因为"在自然界中这些规律是不自觉地、以外部必然性的形式、在无穷无尽的表面的偶然性中实现的"[3]。因此，在促进长江经济带生态利益关系格局新均衡的进程中，只有坚持遵循自然发展规律与社会发展规律相统一，才能在长江经济带建设中贯彻落实"绿水青山就是金山银山"的理念，实现绿水青山与金山银山的有机统

---

[1] 马克思恩格斯全集（第31卷）[M]．北京：人民出版社，1972：251．
[2] 列宁全集（第55卷）[M]．北京：人民出版社，2017：159．
[3] 马克思恩格斯选集（第4卷）[M]．北京：人民出版社，1995：243．

一。在此基础上，随着生态利益关系均衡格局的逐渐形成，长江经济带生态环境的特殊利益与共同利益之间的矛盾也将逐渐释缓，进而使得长江经济带生态环境的既得利益与预期利益之间的矛盾、短期利益与长远利益之间的矛盾、局部利益与整体利益之间的矛盾、独占利益与共享利益之间的矛盾逐渐消融。只有这样，长江经济带才能逐渐实现"人和自然界之间、人和人之间的矛盾的真正解决"[1]，才能走好"生产发展、生活富裕、生态良好"的绿色发展之路。

而且，在促进生态利益关系格局新均衡中推进新时代长江经济带绿色发展，应充分发挥中国特色社会主义的制度优势。从人类社会历史发展进程来看，重新规整人和自然之间的新陈代谢关系，指向的是超越资本主义制度的社会主义和共产主义[2]。作为人类社会发展进步的根本要求，社会主义肩负着探索实现人与自然之间、人与人之间双重和解的历史使命。长江经济带建设作为新一轮国家战略，是中国自觉运用社会主义制度优势提出的流域经济发展方略。因此，促进长江经济带生态利益关系格局新均衡，以及推进长江经济带绿色发展的顶层设计抑或地方探索，都被置于社会主义的社会形态之下。在长江经济带建设实践中，发挥社会主义制度优势应遵循历史唯物主义的基本逻辑，即"经济基础和上层建筑的矛盾的发展和变化受到生产力和生产关系的矛盾的制约；而生产力和生产关系矛盾的解决，又有赖于经济基础和上层建筑矛盾的解决"[3]。具体而言，要充分发挥上层建筑对经济基础的能动作用，通过国家治理体系和治理能力现代化继续夯实制度保障，进一步强化党的领导，积极稳妥地进行长江经济带生态利益关系调整，从而促进生态利益关系格局新均衡，推进长江经济带绿色发展。

---

[1] 马克思.1844年经济学哲学手稿[M].北京：人民出版社，2000：81.
[2] 约翰·B.福斯特，刘仁胜.历史视野中的马克思的生态学[J].国外理论动态，2004(2)：34-36.
[3] 艾思奇.辩证唯物主义历史唯物主义[M].北京：人民出版社，1978：235.

4.3 生态利益视域下长江经济带绿色发展：基本路径、动力支撑与制度保障

作为推进新时代长江经济带绿色发展的本质要求，促进长江经济带生态利益关系格局新均衡离不开生态利益的有效整合。以生态利益整合促进生态利益关系格局新均衡，就成为长江经济带绿色发展的基本路径。以生产方式和生活方式的绿色化变革助推生态利益整合，则是长江经济带绿色发展的动力支撑。在此过程中，要全面加强党对推进长江经济带绿色发展工作的领导，以更好促进生态利益关系格局新均衡，从而为长江经济带绿色发展提供制度保障。

4.3.1 基本路径：以生态利益整合促进生态利益关系格局新均衡

习近平总书记强调，长江经济带建设"要从生态系统整体性和长江流域系统性着眼"，"要坚持整体推进，增强各项措施的关联性和耦合性，防止畸重畸轻、单兵突进、顾此失彼。"[1] 在马克思主义生态利益视域下，长江经济带所涉及的生态系统整体性和长江流域系统性，指向的正是人与自然之间、人与人之间的关系集合，强调的正是整个关系集合的内在统一。因此，对长江经济带生态利益进行有效整合，就要从生态系统整体性和长江流域系统性着眼，积极推进长江经济带的生命共同体建设和流域共同体建设，在此基础上，逐渐释缓长江经济带生态环境的特殊利益与共同利益之间的矛盾，并不断强化共同利益在生态利益关系

---

[1] 习近平. 在深入推动长江经济带发展座谈会上的讲话 [J]. 求是，2019 (17)：4-14.

格局中的主导地位。

具体而言，一方面，应积极推动长江经济带"山水林田湖草"生命共同体建设，以促进生命共同体生态利益整合。党的十九届四中全会深刻指出，要"统筹山水林田湖草一体化保护和修复，加强森林、草原、河流、湖泊、湿地、海洋等自然生态保护"[①]。长江经济带流域生态是相互依存、紧密关联的自然系统，涉及山、水、林、田、湖、草等各个组成部分。人与自然关系，具体表现为人融入山水林田湖草而形成的生命共同体。同时，生命共同体在深层次反映着围绕山、水、林、田、湖、草等各个自然系统组成而结成的人与人的关系。对此，习近平总书记有着深刻阐述："人的命脉在田，田的命脉在水，水的命脉在山，山的命脉在土，土的命脉在林和草，这个生命共同体是人类生存发展的物质基础。"[②] 建设长江经济带"山水林田湖草"生命共同体，就是要整合和融通围绕山、水、林、田、湖、草等各个自然系统组成的特殊利益，进而强化围绕整个自然系统的共同利益。另一方面，应积极推动长江经济带"水路港岸产城"流域共同体建设，以促进流域共同体生态利益整合。长江经济带作为典型的流域经济，是水、路、港、岸、产、城等共同组成的复合经济体。这些组成部分构成了长江经济带人们活动的具体场域，成为流域生态利益关系格局各个重要板块。习近平总书记强调，"长江经济带作为流域经济，涉及水、路、港、岸、产、城等多个方面，要运用系统论的方法，正确把握自身发展和协同发展的关系。"[③] 因此，在流域共同体层面，围绕水、路、港、岸、产、城等组成部分而形成的特殊利益应得到系统整合和融通，以强化整个流域系统的共同利益。

---

　① 中共中央关于坚持和完善中国特色社会主义制度推进国家治理体系和治理能力现代化若干重大问题的决定 [N]. 人民日报, 2019-11-06 (01).
　② 习近平. 推动我国生态文明建设迈上新台阶 [J]. 求是, 2019 (3): 4-19.
　③ 习近平. 在深入推动长江经济带发展座谈会上的讲话 [J]. 求是, 2019 (17): 4-14.

4.3.2 动力支撑：以生产方式和生活方式的绿色化变革助推生态利益整合

在推进长江经济带绿色发展中，不论是"山水林田湖草"生命共同体建设还是"水路港岸产城"流域共同体建设，都需要生产方式和生活方式的绿色化变革予以助推。习近平总书记指出："推动形成绿色发展方式和生活方式，是发展观的一场深刻革命。①"生产方式和生活方式的绿色化变革，本质上是对传统方式的扬弃，以获取生产方式和生活方式的现代性。可以说，只有改变长江经济带"大量生产、大量消耗、大量排放"的传统生产方式和传统生活方式，加快形成绿色生产方式和绿色生活方式，才能不断促进生产、生活、生态彼此之间相适应相融合，并在生产、生活、生态的融合中有力支撑长江经济带生态利益整合。

具体而言，一方面，长江经济带应抓住现代化经济体系建设与高质量发展契机，加快形成绿色生产方式。这就要求坚持问题导向，着力破解传统生产方式引致的生态环境突出问题。以"化工围江"为例，长江经济带各地区应结合具体地情区情制定并严格执行化工污染整治工作方案，既要积极淘汰落后产能和化解化工过剩产能，推进所辖区域相关企业"关、转、搬"工作，防范化工污染风险，又要科学利用旧产能腾退出的新空间，培育优质产能，引导化工产业向高端发展。与此同时，还应积极促进绿色新型工业化、绿色城镇化、绿色信息化和绿色农业现代化，从而推动绿色生产方式落地生根。另一方面，长江经济带应大力倡导简约适度、环保低碳的生活理念，加快形成绿色生活方式。具体而言，应直击生活污水、生活垃圾等生活废弃物问题，加快补齐城镇污水收集和处理设施短板，在全国率先实现污水管网全覆盖、全收集和全处理。同时，加快推进生活垃圾分类处理，积极加强生活垃圾资源化利

---

① 习近平. 习近平谈治国理政（第二卷）[M]. 北京，外文出版社：2017：395.

用。此外，长江经济带应积极围绕节约型机关、绿色出行、绿色家庭、绿色学校以及绿色社区等方面的建设展开实践探索，推动绿色生活风习塑造，成为新时代绿色生活方式转变的领风者。在此基础上，通过绿色生产和绿色生活两端牵引发力，促进长江经济带生产、生活、生态融合，以有力支撑长江经济带生态利益整合，不断推动长江经济带生态环境高水平保护和经济社会高质量发展。

4.3.3 制度保障：全面加强党对推进长江经济带绿色发展工作的领导

"党政军民学，东西南北中，党是领导一切的[①]。"推进长江经济带绿色发展的肯綮所在，就是要发挥中国特色社会主义制度优势，而中国特色社会主义制度的最大优势是中国共产党领导。党作为调节长江经济带生态利益关系的领导力量，能够充分维护好长江经济带生态环境共同利益，从而更好地促进长江经济带生态利益关系格局新均衡。在此基础上，应全面加强党对推进长江经济带绿色发展工作的领导，充分发挥党调节生态利益关系的重要作用。

具体而言，要基于"中央统筹、各级执行、基层落实"的管理体制，在推进长江经济带绿色发展工作中全面加强党的领导。

（1）充分发挥党中央在推进长江经济带绿色发展工作中的领导核心作用。在推进长江经济带绿色发展工作中，不论是"山水林田湖草"生命共同体与"水路港岸产城"流域共同体的建设，还是生产方式和生活方式的绿色化变革，都需要中央层面进行针对性的顶层设计，都需要推动长江经济带发展领导小组在政策供给、统筹协调以及督促检查等方面发挥重要作用。

[①] 习近平.决胜全面建成小康社会夺取新时代中国特色社会主义伟大胜利——在中国共产党第十九次全国代表大会上的报告[R].北京：人民出版社，2017：20.

（2）充分发挥长江经济带各省市各级党委在推进长江经济带绿色发展工作中的引领表率作用。各级党委在推进长江经济带绿色发展中应做到"从全局谋划一域、以一域服务全局"，积极配合中央层面的顶层设计开展地方探索。同时，各级党委还应坚决摒弃"地方主义""诸侯经济"等错误观念，抑制自身短期利益、局部利益等特殊利益追求，共同扭转长江经济带内部呈现出的原子式行为倾向，以强化长江经济带生态环境共同利益。

（3）充分发挥基层党组织在推进长江经济带绿色发展工作中的战斗堡垒作用。党的十九大报告强调，"党的基层组织是确保党的路线方针政策和决策部署贯彻落实的基础。"[①] 充分发挥基层党组织的作用，可以保障绿色发展理念长江经济带经济社会生产生活的最基层最末端得以充分贯彻，长江经济带绿色发展的基本思路与动力支撑在基层实践中得以落实，从中央到基层在推进长江经济带绿色发展工作中的整体联动得以实现。

4.4　本章小结

当前，长江经济带亟待摆脱传统发展方式的困扰，推进"山水林田湖草"生命共同体建设和"水路港岸产城"流域共同体建设，通过长江经济带生态利益关系调整，逐渐实现生态利益关系均衡格局。习近平总书记指出，"推动长江经济带发展，既是一场攻坚战，更是一场持久战。"[②] 在推进长江经济带绿色发展工作中，要全面加强党的领导，坚定信心，咬定目标，苦干实干，久久为功，继续提高坚持生态优先、绿色发展的思想认

---

① 习近平. 决胜全面建成小康社会夺取新时代中国特色社会主义伟大胜利——在中国共产党第十九次全国代表大会上的报告[R]. 北京：人民出版社，2017：65.

② 习近平. 在深入推动长江经济带发展座谈会上的讲话[J]. 求是，2019（17）：4-14.

识，积极形成共抓大保护、不搞大开发的行动自觉。在此基础上，以生产方式和生活方式的绿色化变革支撑生态利益整合，促进生态利益关系格局新均衡，进而助力长江经济带绿水青山转化为金山银山，不断推进新时代长江经济带绿色发展。

第 5 章

新时代长江经济带开放发展：
基于外商直接投资的视角

2014 年 5 月，习近平总书记在河南考察时指出："中国发展仍处于重要战略机遇期，我们要增强信心，从当前我国经济发展的阶段性特征出发，适应新常态，保持战略上的平常心态。"[①] 中国经济发展的新常态要求在速度上从高速增长转为中高速增长，在结构上要不断实现经济结构的不断优化升级，在动力上要实现从要素驱动、投资驱动转向创新驱动的转变。可见，中国经济的高质量发展是适应经济发展新常态的主动选择。在中国经济已经由高速度增长阶段向高质量发展阶段转变的背景下，长江经济带作为中国 T 形经济布局的一级轴线地带之一，在经济高质量建设中将发挥更为重要的带动作用。尤其是在制造业领域，可依托长江经济带综合交通运输体系，基于集聚经济原理建设世界级先进制造业集群（刘志彪，2019）。这既是为长江经济带高质量发展提供强有力的支撑，也是促进中国制造业迈向全球价值链中高端的必要保障。然而，现阶段面临的严峻问题是，长江流域沿线地区有色冶金、石油化工、机械设备等高耗能、大污染部门迅速增加，对生态环境造成极大压力（陆大道，2018）。为此，2018 年财政部发布的《关于建

---

① 中共中央文献研究室编. 习近平关于社会主义经济建设论述摘编[M]. 北京：中央文献出版社，2017：73.

立健全长江经济带生态补偿与保护长效机制的指导意见》专门强调,"工业化城镇化集中地区要加快产业转型升级,构建源头控污、系统截污、全面治污相结合的水环境治理体系"。可见,推动长江经济带制造业集群式发展,须重视和解决由此产生的环境污染问题。

解决问题的一个有利契机在于,随着"一带一路"倡议的提出,以及对外开放新格局的形成,使得长江经济带经济开放程度日益提高,对境外资本的吸引力持续增强。外商直接投资一直被认为是提升竞争力、促进产业转型发展的重要推动力量,中国制造业发展在未来一段时期仍然需要大力吸收外资(裴长洪,2009)。在利用集聚经济优势助推制造业发展过程中,如能利用好外商直接投资,发挥其优势作用,则可作为减少长江经济带制造业污染的一条实施路径。那么,在长江经济带中,产业集聚、外商直接投资与制造业污染之间作用关系如何?外资引入能否在发挥集聚经济优势的同时降低制造业污染排放?借助长江经济带综合交通体系推动制造业集群式发展,对长江流域经济高质量发展将起到重要支撑作用,实施关键在于如何在利用集聚经济优势的同时有效防治污染。本章基于长江经济带 2003～2017 年城市数据,运用 PVAR 模型实证分析产业集聚、外商直接投资与制造业污染之间的关系。结果表明,尽管单纯的制造业集聚会对生态环境产生不利影响,但是在外商直接投资的调节作用下,产业集聚能够显著降低长江经济带制造业环境污染。外商直接投资水平的提升亦有利于减轻长江流域地区制造业污染。制造业污染对产业集聚和外商直接投资没有明显的反馈影响效应。鉴于此,本章提出引导制造产业空间合理布局,持续引进高质量的外商直接投资,依托开放平台集聚制造产业,强化区域交流与合作,以期促进长江经济带制造业高水平发展。

5.1 文献综述

针对产业集聚对污染排放的影响,学者们的研究结论不尽相同。一是认为产业空间上的集聚会导致一定范围内污染物的集中排放，从而加剧环境污染。欧洲发展实践表明，城市集聚和工业集聚容易增加污染排放，不利于生态环境发展（Vinkanen，1998；Verhoef & Nijkamp，2002）。王兵和聂欣（2016）对中国开发区的实证分析结果表明，短期内产业集聚会成为环境治理的阻力。此外，集聚经济带来的污染问题在流域地区的水污染上表现得尤为明显（张姗姗等，2018）。二是认为产业集聚有助于节能减排技术的运用与扩散，进而减少环境污染。闫逢柱等（2011）对中国制造业实证考察结果显示，短期内产业集聚有利于降低环境污染。胡志强等（2018）基于中国地级市数据的实证研究发现，工业集聚与污染排放总体呈现负相关关系。三是认为产业集聚与环境污染呈现倒U型、N型等的非线性关系，产业集聚对污染排放影响效应具有阶段性特征（刘小铁，2017；郭然和原毅军，2019）。

就外商直接投资本身而言，其对环境污染影响效应同样存在争议。已有研究表明，外资引入能够帮助东道国提升污染防治水平，外商直接投资具有"污染光环"效应。如安特韦勒等（Antweiler et al.，2001）通过规模、技术和组合效应等三个维度分析国际商品市场中贸易对污染的影响，结果发现自由贸易有利于降低污染排放。从中国的实践经验上看，外商直接投资确有利于降低环境污染水平（许和连和邓玉萍，2012；秦晓丽和于文超，2016；Ning & Wang，2017）。不过，也有对中国、美国、加纳等国家的实证研究发现，吸引外资存在"污染避难所"效应，会导致流入地区的环境恶化（Keller & Levinson，2002；Solarin et al.，2017；刘玉凤和高良谋，2019）。随着研究的不断深入，开始有学者探究不同经济开放条件下产业集聚对环境污染的异质性影响。如杨仁发（2015）、许和连和邓玉萍（2016）对中国城市、制造业的面板数据实证分析结果表明，在外商直接投资作用下，产业集聚对环境污染的负面效应得到有效改善，两者交互作用有利于降低整体污染水平。

回顾和梳理相关文献发现，学者们从产业集聚、外商直接投资切入分析环境污染产生的原因，对不同区域、行业的研究结果存在一定差异性，少数学者尝试把产业集聚和外商直接投资同时纳入同一框架来分析污染排放问题。这在启迪研究思路的同时，也为本章研究留下一些拓展空间。目前，仅有张治栋和秦淑悦（2018）、杨恺钧和王婵（2018）等少数涉及产业集聚或者外商直接投资与长江经济带污染问题的研究成果，聚焦于长江流域制造业环境影响的研究尚有待补充。同时，为数不多的综合考虑产业空间集聚、域外投资引入对环境污染影响的研究也只是侧重分析单向因果关系，考察三者之间动态关系的研究还尚待开展。鉴于此，本章运用2003~2017年长江经济带108个城市的面板数据，基于面板自回归模型（PVAR）实证分析产业集聚、外商直接投资与制造业污染的动态关系，特别考虑在外资引入的调节作用下集聚经济对制造业污染排放的影响效应，揭示开放条件下制造业空间集聚对环境污染影响的一般规律。

5.2 数据来源、变量选择与模型设计

5.2.1 数据说明

本章研究的地域范围是长江经济带，选择2003~2017年长江经济带108个地级市面板数据进行研究。由于研究时期内因行政区划调整导致数据缺失，故本研究未包含安徽省巢湖市（2011年撤销）、贵州省毕节市和铜仁市（2011年设立）的数据。数据来源于2004~2018年的《中国城市统计年鉴》，缺失数据通过地级市历年政府工作报告和统计公报进行补充，或通过线性插值法进行补齐。

5.2.2 变量选取及描述统计

制造业污染（pol）选择制造业废水排放量来进行衡量。考虑到长江

经济带水污染问题较为严重的实际情况，以及废水污染会对长江流域及其支流和湖泊产生较大危害性，本章着重从废水排放量来考察制造业污染状况。由于本章使用的地级市层面面板数据缺少制造业废水排放量的直接指标，综合考虑数据可得性和测算规范性，本章假定城市工业行业内部具有相同的人均污染物排放量，通过制造业从业人员数量占工业从业人员数量的比值乘以城市工业废水排放量近似估计得到制造业废水排放量，单位为万吨。

产业集聚（agg）采取计算制造业区位商值的方式来进行度量。区位商是表示产业集聚程度的通行指标，测算区位商的指标选择有很多，考虑数据可得性，本章选择通过制造业就业人数来计算区位商值，公式如式（5.1）所示。其中，e_{it} 表示 i 城市 t 时期制造业城镇单位从业人员数，E_{it} 表示 i 城市 t 时期城镇单位从业人员总数，e_t 是 t 时期全国制造业城镇单位从业人员数，E_t 是 t 时期全国城镇单位从业人员总数。

$$agg_{it} = (e_{it}/E_{it})/(e_t/E_t) \tag{5.1}$$

外商直接投资（fdi）用城市人均外商直接投资的存量来进行反映。现有很多文献采用当年实际使用外资金额，或者实际外商投资额占 GDP 的比重来衡量外商直接投资。由于外商直接投资产生作用效果并不一定能立即影响制造业污染，采用流量表征外资投入可能会产生偏误，选择存量来反映外商直接投资显得更为合适。本章借鉴柯善咨和赵曜（2014）的方法，根据式（5.2）所示的永续盘存法计算城市外资存量。其中，fdi_{it} 为 i 城市第 t 年的外商直接投资存量，δ 为折旧率，设定为 5%，I_{it-1} 表示实际使用外资金额，考虑到投资的建设周期，许多投资无法在当年生产中发挥作用，故使用滞后一年的实际使用外资金额，p_{it-1} 采用城市所在省的以 2003 年为基期的累积固定资产投资价格指数，同时，假设 2003 年外商直接投资存量是当年实际使用外资金额的 3 倍，后续各年外商直接投资存量用每年实际使用的外资和上述永续盘存法公式累计，以美元计算的外商直接投资按当年平均汇率兑换为人民币数值。最后，利用城市外资存量除以城市人口数量得到人均外商直接投资存量，单位为元/人。

$$fdi_{it} = (1-\delta)fdi_{it-1} + I_{it-1}/p_{it-1} \tag{5.2}$$

以上变量在后续实证分析中均取对数，分别记为 lnpol、lnagg 和 lnfdi。为考察外商直接投资条件下产业集聚对制造业污染的异质性影响，引入两者的交互项（lnagg_lnfdi）分析外资投入调节作用下集聚经济对制造业污染排放的影响效应。需要说明的是，由于需要对变量原始值取对数，本章对于数值为0的变量指标采取给定一个极小值0.001的方法进行处理。变量指标原始值的描述性统计信息如表5.1所示。

表 5.1　　　　　　　　原始数据描述性统计

变量	均值	标准差	最小值	最大值
pol	7546.54	11128.16	50.80	82018.87
agg	0.914	0.430	0.032	2.610
fdi	4580.43	8622.84	0.001	71703.53

5.2.3　模型设定

本章运用面板向量自回归模型（PVAR）实证分析产业集聚、外商直接投资与制造业污染之间的动态关系。PVAR模型是将系统中的所有变量作为内生变量，基于GMM方法估计变量之间的影响关系，同时能够控制样本的截面效应和时间效应。本章PVAR模型基本形式设定如下：

$$Y_{i,t} = \alpha_i + \beta_t + \sum_{j=1}\delta_j Y_{i,t-j} + \varepsilon_{i,t} \tag{5.3}$$

式（5.3）中，i 和 t 分别表示城市和时期，$Y_{i,t} = [\ln pol_{i,t}, \ln agg_{i,t}, \ln fdi_{i,t}, (\ln agg\_\ln fdi)_{i,t}]$ 为包含四个变量的列向量，j 为滞后阶数，δ_j 为 $4\times 4j$ 的系数矩阵，α_i 和 β_t 分别表示城市的个体效应和时期的时间效应，

$\varepsilon_{i,t}$ 是随机扰动项。

5.3 实证分析

5.3.1 单位根检验

由于面板数据包含截面和时序两个维度上的信息，如果时间序列不存在单位根，则为平稳序列，反之，如果存在单位根，则为非平稳序列。若变量为平稳序列，则可建立式（5.3）所示的 PVAR 模型开展后续分析，若变量为非平稳序列，则需要进行协整检验及向量误差修正模型分析。为提高单位根检验准确性，本章综合使用 LLC 检验、HT 检验、IPS 检验和 Fisher-ADF 检验，对变量进行单位根检验，结果如表 5.2 所示。单位根检验结果显示，所有变量均在 1% 或者 5% 显著性水平下拒绝存在单位根的原假设，表明全部变量均为平稳序列，可以开展 PVAR 分析。

表 5.2　单位根检验结果

变量	LLC 检验	HT 检验	IPS 检验	Fisher-ADF 检验	结论
lnpol	-3.005***	-5.801***	-1.724**	577.78***	平稳
lnagg	-2.896***	-3.964***	-9.079***	627.20***	平稳
lnfdi	-20.865***	-1.663**	-8.728***	412.36***	平稳
lnagg_lnfdi	-4.674***	-3.684***	-8.060***	629.430***	平稳

注：** 和 *** 分别表示在 5% 和 1% 显著性水平下显著。

5.3.2 滞后阶数确定与 PVAR 模型稳定性检验

在对 PVAR 模型进行估计之前，先要确定模型的最优滞后阶数，通常情况下应根据 MBIC、MAIC 和 MQIC 准则来进行综合判定，判断依据为上述信息准则的统计量绝对值最大。本章从滞后 5 阶模型开始进行判定，表 5.3 给出了滞后 1~5 阶模型对应的 MBIC、MAIC 和 MQIC 值，其中，MBIC 和 MQIC 结果显示模型最优滞后阶数为滞后 1 阶，MAIC 结果为滞后 2 阶。考虑 MAIC 滞后 1 阶与滞后 2 阶对应的统计量绝对值差距较小，而 MBIC 和 MQIC 均显示滞后 1 阶为最优结果，故本章确定 PVAR 模型滞后阶数为滞后 1 阶。

表 5.3   PVAR 模型最优滞后阶数判定结果

滞后阶数	MBIC	MAIC	MQIC
1	-441.23*	-60.31	-206.11*
2	-367.09	-62.35*	-178.99
3	-274.77	-46.21	-133.69
4	-179.26	-26.89	-85.21
5	-89.66	-13.48	-42.64

注：*表示统计信息准则下最优滞后阶数。

按照滞后 1 阶的最优滞后阶数进行 PVAR 模型估计，对其稳定性进行检验。若 PVAR 模型所有方程的特征根都落在单位圆内，则表明模型具有稳定性；若有一个特征根落在单位圆外，则说明模型不稳定。检验结果显示，全部特征根均在单位圆以内，说明本章设定的 PVAR 模型具有稳定性，可以开展后续分析。

5.3.3 PVAR 模型系数矩阵估计

根据前述确定的滞后 1 阶的阶数，对式（5.3）所示的 PVAR 模型系数矩阵进行估计，运用系统 GMM 方法估计系数矩阵，结果如表 5.4 所示。

产业集聚会导致长江经济带制造业污染恶化，外商直接投资则对长江经济带制造业污染具有抑制作用。从产业集聚的滞后 1 期对制造业污染的

表5.4　　　　　　　　　　PVAR 模型系数估计结果

冲击变量	响应变量			
	lnpol	lnagg	lnfdi	lnagg_lnfdi
lnpol$_{t-1}$	-0.187 (-0.45)	0.081 (0.56)	0.106 (0.15)	0.440 (0.40)
lnagg$_{t-1}$	1.919*** (3.40)	1.046*** (5.80)	-0.355 (-0.33)	0.961 (0.61)
lnfdi$_{t-1}$	-0.383*** (-4.44)	0.019 (0.64)	0.967*** (6.96)	0.084 (0.36)
(lnagg_lnfdi)$_{t-1}$	-0.273*** (-4.14)	-0.016 (-0.79)	0.098 (0.61)	0.786*** (3.73)

注：*** 表示在1%显著性水平下显著，括号内为 z 检验值。

影响系数来看，参数估计值为 1.919，且能通过 1% 显著性水平检验，说明制造业在长江流域地区的空间集聚加剧了当地环境污染。与张可和汪东芳（2014）对中国地级市层面考察结论相一致。一定空间范围内制造产业的大量聚集肯定会引发污染物的集中排放，进而对生态环境造成严重影响。外商直接投资的滞后 1 期对制造业污染影响系数是 -0.383，在 1% 显著性水平下显著，表明长江经济带制造业污染存在外商直接投资的"污染光环"效应，外资引入有利于防控长江流域地区制造业污染。这与外资企业更加倾向于先进的污染防控技术使用有关，这些技术的使用能够有效遏制污染废弃物的排放，减少对生态环境的影响。有证据显示，在当前中国已通过的 ISO14001 环境管理体系和中国环境标志认证的企业中，2/3 以上都是外资企业（郑强等，2017）。

外商直接投资调节作用下产业集聚能够有效降低长江经济带制造业污染。产业集聚与外商直接投资交互项的滞后 1 期对制造业污染影响系数是 -0.273，且在 1% 显著性水平下显著。在外商直接投资调节效应下，制造业集聚对环境污染影响由正向变为负向，表明随着外商直接投资的不断扩大，制造业集聚开始对污染排放起到抑制作用。究其原因，首先，外资企业通过对中间产品采购提出严格的质量要求，促使提供配套产品的本地企业进行技术创新（Markusen & Venables，1999），使得制造业集聚地区企业获取和使用先进污染防控技术，减少对长江流域地区的污染排放。其次，外资企业会通过排挤竞争对手迫使其退出市场（程培堽等，2009），加剧了制造业集聚地区的市场竞争，在长江经济带日益严格的环境规制下，外资企业节能减排优势会倒逼本土企业转型升级，从而强化环境污染防治。最后，外商直接投资对东道国技术与管理经验传递与推广具有积极作用（Li & Liu，2005），制造业集聚使得大量人力资本聚集，有利于发挥外资企业污染防控技术使用与管理经验向本地企业的渗透作用。因此，长江经济带外商直接投资的增长，可以使制造业空间集聚对环境污染防治起到积极作用。

制造业集聚、外商直接投资更多受其自身"惯性"影响。从产业集聚、外商直接投资以及两者交互项的响应情况来看，滞后 1 期对其自身的影响系数全部为正，且都在 1% 显著性水平下显著。其他变量的滞后 1 期对上述变量的影响都不能通过显著性水平检验，表明长江经济带制造业集聚、外商直接投资具有自我强化作用，受其他因素影响较小。

5.3.4　面板 Granger 因果检验

为了进一步确定长江经济带产业集聚、外商直接投资与制造业污染之间的因果关系，本章在 PVAR 模型框架下，进行 Granger 因果检验，结果如表 5.5 所示。

表 5.5　　　　　　　　　Granger 因果检验结果

变量	Granger 检验原假设	χ^2 值	自由度	P 值
lnpol	lnagg 不是 lnpol 的原因	11.58	1	0.001
	lnfdi 不是 lnpol 的原因	19.69	1	0.000
	lnagg_lnfdi 不是 lnpol 的原因	17.14	1	0.000
	所有变量不是 lnpol 的原因	24.48	3	0.000

续表

变量	Granger 检验原假设	χ^2 值	自由度	P 值
ln*agg*	ln*pol* 不是 ln*agg* 的原因	0.312	1	0.577
	ln*fdi* 不是 ln*agg* 的原因	0.413	1	0.520
	ln*agg*_ln*fdi* 不是 ln*agg* 的原因	0.618	1	0.432
	所有变量不是 ln*agg* 的原因	9.375	3	0.025
ln*fdi*	ln*pol* 不是 ln*fdi* 的原因	0.022	1	0.882
	ln*agg* 不是 ln*fdi* 的原因	0.107	1	0.744
	ln*agg*_ln*fdi* 不是 ln*fdi* 的原因	0.367	1	0.545
	所有变量不是 ln*fdi* 的原因	5.170	3	0.160
ln*agg*_ln*fdi*	ln*pol* 不是 ln*agg*_ln*fdi* 的原因	0.161	1	0.688
	ln*agg* 不是 ln*agg*_ln*fdi* 的原因	0.371	1	0.542
	ln*fdi* 不是 ln*agg*_ln*fdi* 的原因	0.131	1	0.717
	所有变量不是 ln*agg*_ln*fdi* 的原因	3.398	3	0.334

产业集聚、外商直接投资与制造业污染存在单向因果关系。首先，产业集聚是制造业污染的 Granger 原因，而制造业污染是产业集聚的 Granger 原因，则没有通过显著性检验，表明长江经济带制造业空间集聚会导致环境污染加剧，但污染排放变化不会对产业集聚产生明显影响作用。其次，外商直接投资不是制造业污染原因的 Granger 检验原假设在 1% 显著性水平下被拒绝，但检验结果没有拒绝制造业污染不是外商直接投资原因的 Granger 检验原假设，说明在长江流域地区，外资引入可以有利于减少环境污染，制造业污染排放变动尚未通过诸如环境规制等途径影响外商投资的进入。最后，从产业集聚与外商直接投资交互项的 Granger 检验结果看，在 1% 水平下拒绝交互项不是制造业污染的 Granger 原因的原假设，进一步验证了产业集聚、外商直接投资与制造业污染的单向因果关系。

制造业集聚与外商直接投资之间不具有显著因果关系。产业集聚与外商直接投资的双向 Granger 因果检验原假设均未被拒绝，表明长江经济带制造业集聚和外商直接投资不具有必然的因果关系，是两组相对独立的经济变量指标。不过，所有变量不是制造业集聚的原因的 Granger 因果检验原假设在 5% 显著性水平下被拒绝，一定程度上反映出制造业污染、外商直接投资以及外商投资影响下的集聚经济共同成为制造业集聚的原因，只是不存在单变量的因果关系。

5.3.5 方差分析分析

本章通过方差分解来衡量各个变量的相对贡献率，主要的第 1、第 5、第 10 期方差分解结果如表 5.6 所示。首先，制造业污染变动对自身冲击较大，随着时间推移，产业集聚与外商直接投资交互项的解释力逐渐增强，在第 10 期达到 13.2%，表明外商直接投资调节作用下的长江流域地区产业集聚对制造业污染排放减少的影响作用逐渐增强，制造业集聚与开放型经济建设在防控长江经济带污染中的解释力越来越强。其次，产业集聚主要受到自身冲击影响，即使在第 10 期，其余变量中对其解释力的最高值也只有 5.7%，说明长江经济带制造业集聚存在着较强的自我强化。再其次，外商直接投资前期更多受自身冲击影响，随着时期推移，产业集聚对外商直接投资变动的解释力逐渐上升，在第 10 期达到 56%，长江经济带外商投入在长期会受到制造业集聚影响。最后，产业集聚与外商直接投资交互项的方差主要由产业集聚来贡献，在第 5 期制造业集聚对交互项的解释力即达到了 93.6%，说明交互项由产业集聚变量主导，外商直接投资起到的是调节作用。

表 5.6　　　　　　　　方差分解结果

响应变量	期数	冲击变量			
		ln*pol*	ln*agg*	ln*fdi*	ln*agg*_ln*fdi*
ln*pol*	1	1	0	0	0
	5	0.909	0.006	0.008	0.077
	10	0.810	0.050	0.008	0.132
ln*agg*	1	0.008	0.992	0	0
	5	0.015	0.962	0.009	0.014
	10	0.017	0.897	0.029	0.057

续表

响应变量	期数	冲击变量			
		ln*pol*	ln*agg*	ln*fdi*	ln*agg*_ln*fdi*
ln*fdi*	1	0.036	0.019	0.945	0
	5	0.009	0.269	0.694	0.028
	10	0.005	0.560	0.402	0.033
ln*agg*_ln*fdi*	1	0.006	0.887	0.043	0.064
	5	0.010	0.936	0.021	0.033
	10	0.013	0.936	0.017	0.034

注：为节省篇幅，本书仅列出了第1、第5和第10期预测方差的分解结果。

5.4 本章小结

本章基于长江经济带108个城市面板数据，运用PVAR模型实证分析了产业集聚、外商直接投资与制造业污染之间的关系，结果表明：第一，制造业集聚加剧长江经济带环境污染，外商直接投资有利于减轻制造业污染。产业集聚、外商直接投资与制造业污染存在单向因果关系。产业集聚滞后1期对制造业污染影响效应显著为正，单纯形成制造业空间上的集聚不仅不利于污染防治，反而会导致污染物集中排放。与之相反的是，外商直接投资滞后1期对制造业污染产生明显负向作用，外资引入可以有效减少制造业的污染排放。第二，外商直接投资调节作用下，长江经济带产业集聚有助于降低制造业环境污染。产业集聚与外商直接投资交互项滞后1期对制造业污染影响系数显著为负，存在单向因果关系，且方差分析结果显示交互项在长期对制造业污染变化具有较强解释力。外商直接投资通过示范效应、竞争效应和渗透效应促进先进节能减排技术扩散，产业空间集聚加快这些技术效应的溢出，从而有利于制造业污染防治。第三，长江经济带产业集聚和外商直接投资更多受自身影响，制造业污染对两者的影响不明显。无论是产业集聚还是外商直接投资，各自的滞后1期对其本身具有显著影响，但其他变量影响效应不明显。

上述研究结论蕴含的政策启示是，长江经济带制造业集群式发展应与开放型经济建设协同推进，通过集聚经济促进制造业高水平发展的同时减轻环境污染。具体政策建议是：首先，引导制造产业空间合理布局。优化制造业在长江经济带中的布局，对于具有制造业发展基础的地区，可以通过合理规划、税费减免、园区建设等措施和手段，重视吸引高端制造企业聚集，形成制造业产业集群式发展，针对不具有制造业发展优势的地区，须杜绝盲目大规模发展制造产业，减少低效率和无效率的发展。其次，持续引进高质量的外商直接投资。进一步扩大长江经济带对外开放水平，通过制定严格的准入标准，筛选一批高技术、高环保、高标准、低消耗、低污染、低排放的"三高三低"外资企业入驻，支持制造业转型升级，通过先进节能减排技术示范运用，防治污染技术的扩散和传播，以及带动优胜劣汰的市场竞争，来促进本土企业污染治理投入，从而有效降低长江经济带制造业污染。再其次，依托开放平台集聚制造产业。借助长江沿线地区自贸区、保税港等对外开放平台，通过外资企业引入促进制造产业高层次集聚，形成空间聚集区内生产要素高效、循环、可持续利用，进一步减少长江经济带制造业污染排放。最后，强化区域交流与合作。长江经济带覆盖地区重视发挥自身比较优势，在制造业集聚以及外资引入等领域相互取长补短，互利共赢，防止地方竞争导致资源错配，避免恶化长江流域地区生态环境。

第 6 章

新时代长江经济带共享发展：
基于共同富裕的视角

共同富裕是社会主义共享发展的最终目标。习近平总书记指出，"……我们必须把促进全体人民共同富裕摆在更加重要的位置，脚踏实地，久久为功，向着这个目标更加积极有为地进行努力。"[1] 解决长江经济带发展不平衡不充分的问题，让长江经济带取得更为明显的实质性进展，就需要长江经济带坚定不移地贯彻落实好共享发展理念。

6.1 以"先富地区"带动"后富地区"的发展逻辑

6.1.1 利益视角下的共同富裕

共同富裕是社会主义的本质要求，是人民群众的共同期盼，也是判断

---

[1] 习近平：关于《中共中央关于制定国民经济和社会发展第十四个五年规划和二〇三五年远景目标的建议》的说明 [EB/OL]. http://www.gov.cn/xinwen/2020-11/03/content_5556997.htm.

改革开放成败的根本标准[1]。习近平总书记在到2035年基本实现社会主义现代化远景目标中提到"全体人民共同富裕取得更为明显的实质性进展",在改善人民生活品质部分突出强调了"扎实推进共同富裕"[2]。马克思关于共同富裕思想的论述,最早可以追溯到"生产将以所有人的富裕为目的"[3]。而且,共同富裕又是以共同利益的达致为基本前提的。在马克思主义利益视域下,共同富裕所涉及的利益关系,主要指向经济、社会、环境等三个维度。这三个维度所生成的经济利益、社会利益、生态利益构成了共同富裕的物质基础,成为共同富裕不断取得更为明显的实质性进展的内在要求和具体内容。因此,共同富裕要取得更为明显的实质性进展,就要坚定不移地贯彻落实好共享发展理念,必须从各个层面协同推进,不断强化"经济—社会—环境"的共同利益,不断满足人民日益增长的对美好生活的需要。

首先,经济利益反映着最根本的利益关系。在马克思主义看来,"每一既定社会的经济关系首先表现为利益[4]。"马克思在担任《莱茵报》编辑时,"第一次遇到要对所谓物质利益发表意见的难事"[5],从此便开始了对经济利益问题的研究。均衡的经济利益关系是实现共同利益、推动共同富裕取得更为明显的实质性进展的前提和先决条件。其次,在马克思看来,利益既不是物,也不是人对物的关系,本质上是人与人的关系,体现了人的社会属性。社会利益问题的背后,恰恰是错综复杂的社会利益关系。促进共享发展和推动共同富裕,都要求构建和谐有序的社会利益关系。最后,恩格斯指出,要正确处理人与自然的关系,我们"不要过分陶醉于我们人类对自然界的胜利,对于每一次这样的胜利,自然界都对我们进行报复"[6]。同时,人与自然的和解又是以人与人的和解为前提的。人

---

[1] 龚云. 论邓小平共同富裕理论[J]. 马克思主义研究, 2012 (1): 46-55.
[2] 习近平: 关于《中共中央关于制定国民经济和社会发展第十四个五年规划和二〇三五年远景目标的建议》的说明[EB/OL]. http://www.gov.cn/xinwen/2020-11/03/content_5556997.htm.
[3] 马克思恩格斯全集 (第46卷下) [M]. 北京: 人民出版社, 1980: 221.
[4] 马克思恩格斯选集 (第3卷) [M]. 北京: 人民出版社, 2012: 258.
[5] 马克思恩格斯选集 (第2卷) [M]. 北京: 人民出版社, 2012: 1.
[6] 马克思恩格斯选集 (第3卷) [M]. 北京: 人民出版社, 2012: 998.

与自然的关系一旦出现失衡,所生成的生态环境问题将破坏共享发展和共同富裕,甚至会造成生态资源的两极分化和"生态贫困"问题。

马克思主义透过资本主义的迷雾,深刻剖析了资本主义制度下"经济—社会—环境"利益关系失衡,指出资本主义必将出现经济层面、社会层面、环境层面的利益关系失衡,从而导致经济危机、社会危机和生态环境危机。按照马克思主义的逻辑,各层面利益失衡的深层都是"共同利益—特殊利益"关系失衡。同时,经济利益、社会利益和环境利益又分别与生产、生活、生态领域息息相关。因此,要想实现"全体人民共同富裕取得更为明显的实质性进展"[1],必须从生产、生活、生态三个领域调整共同利益与特殊利益的关系,不断强化"经济—社会—环境"的共同利益,实现各层面"共同利益—特殊利益"关系均衡,从而不断促进共享发展和共同富裕。

6.1.2 利益视角下的"先富地区带动后富地区"

共同富裕不是同等富裕、同时富裕[2]。马克思曾提出这样的情形,"把生产发展到能够满足所有人的需要的规模;结束牺牲一些人的利益来满足另一些人的需要的状况。"[3] 这种情形的前提是发达的生产力水平,使得经济生产能够达到满足所有人的需要的规模。但是,在生产力尚不发达的社会主义初级阶段,我们还需集聚力量,坚定不移地发展生产力,这就必须要允许一部分人、一部分地区先富起来,形成"先富群体"和"先富地区"。邓小平同志专门提出,"社会主义的原则,第一是发展生产力,第二是共同致富。"[4] 这里的"第一原则"与"第二原则"之间,存在着重要的逻辑关联:一方面,首要原则是生产力原则,发展生产力是共

---

[1] 习近平. 关于《中共中央关于制定国民经济和社会发展第十四个五年规划和二〇三五年远景目标的建议》的说明 [EB/OL]. http://www.gov.cn/xinwen/2020-11/03/content_5556997.htm.

[2] 易淼,赵磊. 当前我国利益关系失衡的理性审视——基于马克思主义"共同利益—特殊利益"的矛盾分析 [J]. 西部论坛, 2015, 25 (3): 32-37.

[3] 马克思恩格斯选集(第1卷)[M]. 北京:人民出版社, 2012: 308.

[4] 邓小平文选(第三卷)[M]. 北京:人民出版社, 1993: 172.

同富裕的前提；另一方面，目的性原则是共同富裕原则，共同富裕是发展生产力的根本目的。

共同富裕的发展目标要求利益创造水平和利益共享水平在现实中实现统一。从推动生产力发展到实现共同富裕，就必须坚持社会主义的大方向，在实践中不断探索可行路径。邓小平同志大胆地提出了"先富"带动"后富"的理念，进而划定"先富"区域，将它们作为经济发展思想的试验田①。允许一部分地区先富起来，是解放生产力、发展生产力的现实需要，是实现各地区共同富裕的前提步骤。然而，在实践探索中，还要充分关注先富地区与后富地区之间发展差异问题，避免先富地区与后富地区之间在经济层面、社会层面、环境层面出现利益关系失衡态势。特别是随着先富地区发展的特殊利益与各地区协同发展的共同利益之间的矛盾不断生成，要避免地区发展的空间分化乃至空间断裂。因此，要全面理解共同富裕的科学内涵和具体步骤，在落实"先富带动后富"这一关键步骤上下足功夫，避免后富地区陷入利益分化乃至利益固化的不利格局，推动各地区共同富裕取得更为明显的实质性进展。

6.2　长江经济带共享发展的现实问题及其利益症结

近年来，长江经济带在"强化顶层设计、改善生态环境、促进转型发展、探索体制机制改革等方面取得了积极进展"②，但是流域发展不平衡不协调问题依旧突出。习近平同志专门指出，"长江经济带横跨我国东中西部，地区发展条件差异大，基础设施、公共服务和人民生活水平的差距较大。……区域合作虚多实少，城市群缺乏协同，带动力不足。"③ 而先

---

① 罗建华，尚庆飞. 邓小平"先富带动后富"思想的解读与思考[J]. 南京社会科学，2015 (6)：76-81, 93.

②③ 习近平. 在深入推动长江经济带发展座谈会上的讲话[J]. 求是，2019 (17)：4-14.

富地区带动后富地区实现"生产—生活—生态"层面的利益共享，是实现共同富裕的关键环节，离不开长江经济带共享发展。因此，探索长江经济带共享发展，就必须从利益视角出发，运用"先富地区带动后富地区"理论剖析长江经济带共享发展的现实问题及其症结所在。

6.2.1 长江经济带共享发展的现实问题

先富地区带动后富地区是促进长江经济带共享发展，实现共同富裕的现实路径。改革开放以来，长江三角洲地区作为典型的"先富地区"，得到了蓬勃发展。而且，中央政府统筹协调、各级政府积极配合，切实推行了一系列行之有效的措施，积极引导这些"先富地区"带动"后富地区"，极大地改善了后富地区的生产、生活、生态条件，推动了长江经济带共同富裕。比如，国家实行了"对口支援"，实行一省帮一市，在灾难援助、经济援助、医疗援助、教育援助等方面极大地推动了经济欠发达地区的发展。与此同时，虽然长江经济带在生产、生活、生态层面的共享发展取得良好成效，但是发展不平衡、不协调问题仍然明显，使得先富地区带动后富地区的共享发展依旧面临着严峻的现实问题。

6.2.1.1 生产层面的共享发展不足

长江经济带先富地区与后富地区之间发展差距明显，主要表现在两个方面。一方面，长江经济带各省市整体发展绝对差距依旧很大，城乡发展差距明显。各省市地区生产总值、人均地区生产总值和城乡人均可支配收入的绝对差距仍在不断扩大（见图 6.1）。以人均地区生产总值的三大地区差距为例，2017 年长江经济带东部与中部、东部与西部、中部与西部之间的人均地区生产总值绝对差值分别达到 53664.35 元、60388.22 元和 6723.87 元[1]。另一方面，长江经济带区域极化效应显著，各类经济资源

---

[1] 孙久文，张静. 长江经济带发展的时空演变与发展建议 [J]. 政治经济学评论，2019 (1)：151–171.

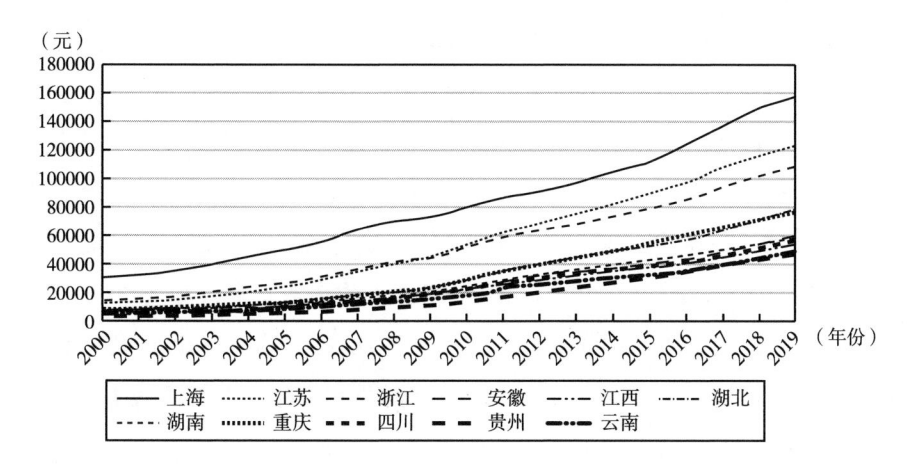

图 6.1　2000~2019 年长江经济带各省市人均地区生产总值

资料来源：国家统计局官网。

优先向各中心城市转移，中心城市规模不断扩大，后富地区发展受阻。以四川省为例，成都市地区生产总值占四川省的比重逐年上升，2018 年占比 37.72%[①]，与周边地区的发展差距十分明显（见图 6.2）。

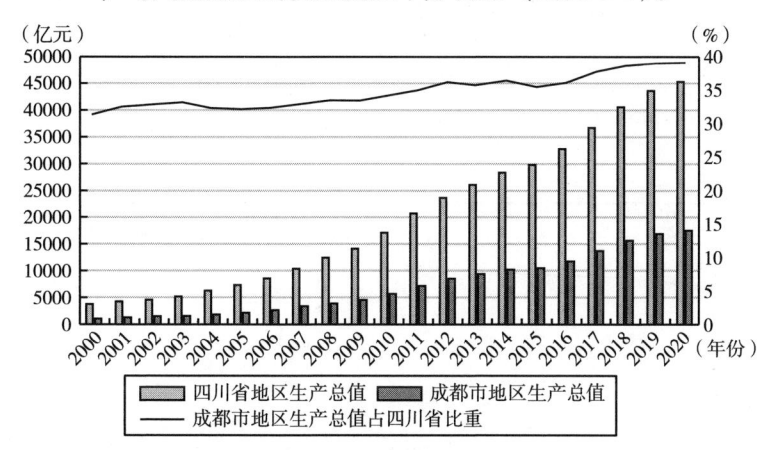

图 6.2　2000~2020 年四川省与成都市地区生产总值对比以及成都市地区生产总值占四川省的比重

资料来源：四川统计局官网、成都市统计局官网。

---

① 数据来自《四川统计年鉴 2018》。

105

6.2.1.2 生活层面的共享发展不足

尽管长江经济带在推动生活层面共享发展上做了不懈的努力，但是仍然未从根本上改变城乡之间、区域之间社会公共事业差异大的现状。这主要表现在两方面。一方面，长江经济带区域发展水平差异依然较大，居民生活水平参差不齐。2018年，长江经济带整体城镇化率为59.46%，最高达到88.12%，最低仅有47.53%（见图6.3）；人均消费支出差额从2013年的22112元增加到2019年的30825元（见图6.4），地区之间收入差距明显[①]。另一方面，长江经济带教育、医疗资源配置存在失衡。从生均教育

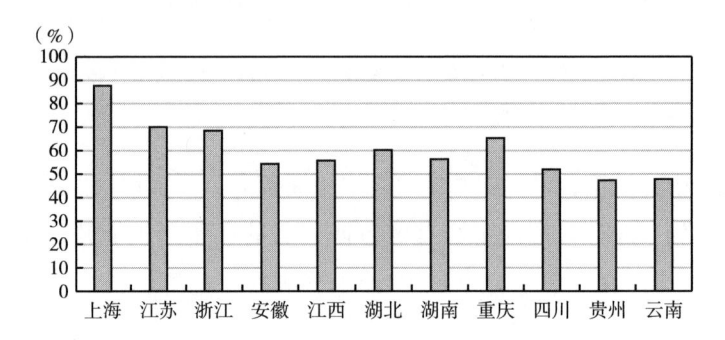

图6.3 2018年长江经济带各省市城镇化率

资料来源：国家统计局官网。

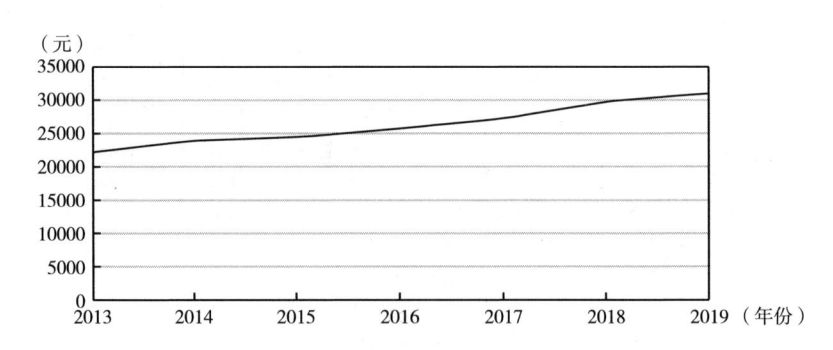

图6.4 2013~2019年长江经济带各省市人均消费支出最大差额

资料来源：国家统计局官网。

---

① 资料来源：国家统计局官网。

经费来看，2017年各省市最高达到61243元，最低仅13787元[①]。长江经济带各省市医疗资源尤其是优质医疗资源分配不公平，先富地区医疗资源明显优于后富地区，城市医疗条件明显高于农村地区。

6.2.1.3　生态层面的共享发展不足

长江经济带生态环境保护形势严峻，环境利益共享水平仍有待提高，主要体现在：

（1）长江流域自然环境差异明显，上中下游生态差异较大。以森林覆盖率为例，长江经济带中上游地区基本超过平均水平，中下游地区偏低，尤其是上海、浙江两地，分别仅为14.04%和15.20%（见图6.5）。先富地区对自然的索取较多，但是利益补偿相对不足。

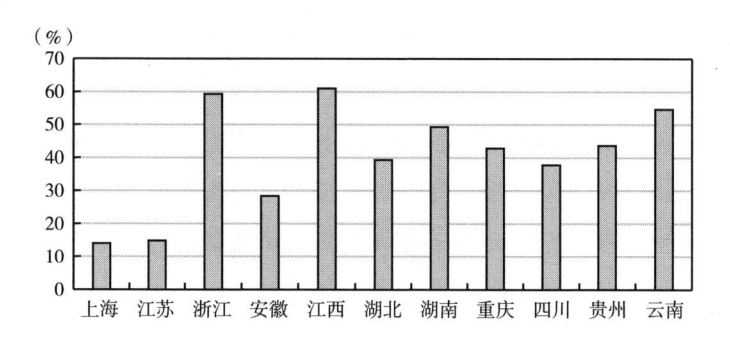

图6.5　2017年长江经济带各省市森林覆盖率

资料来源：国家统计局官网。

（2）长江经济带经济落后地区能源消耗水平仍较高。2017年长江经济带仍有七个省市单位地区生产总值能耗高于流域平均水平，其中发展相对落后的贵州省的单位地区生产总值能耗达到0.77吨标准煤，甚至高于上海、江苏、浙江、安徽、江西等省市2009年的水平[②]。

（3）长江经济带各省市对污染治理投入也存在差异。2017年长江经济带各省市工业污染治理占地区生产总值比重平均为0.06%，上海投入比

---

① 数据根据《中国统计年鉴》和各省市统计年鉴的资料计算而得。
② 资料来源：各省市统计年鉴。

重为0.15%，湖南、重庆和四川仅占0.03%[①]，区域治理能力和投入不尽相同。

6.2.2 问题症结所在

6.2.2.1 生产层面的原因分析

长江经济带先富地区在国家政策扶持下率先发展，优先承接国际产能转移、享受国家政策优惠，并且在生产力水平尚不发达的改革开放初期能够更加灵活地调配资源，因而能够以较快的速度获得更多的经济利益。按照邓小平的设想，在20世纪末达到总体小康水平时，就要提出和解决利益分化的问题。然而，随着先富地区逐渐富裕起来，先富地区的人民把自己主要精力投入追求利益最大化的方面，不断地利用政策、技术等的优势去追逐个人利益，无暇顾及西部落后地区的发展[②]，带动后富地区发展的方式往往是向后富地区输送发展经验，而缺乏更为实质的利益共享。不仅如此，长江经济带先富地区拥有资本优势，更希望通过资本的增殖，来不断巩固其优势地位，从而满足其特殊的利益追求。由于资本增殖速度快，先富地区在利益创造过程中占据主动地位，能够不断获取更多的经济利益。与之相反，后富地区在利益创造过程中处于不利地位，生产积极性难以充分发挥，在地区之间的合作发展中也处于利益分配的弱势地位。这就使得先富地区与后富地区在生产层面的共同利益难以实现，导致共享发展不足。

6.2.2.2 生活层面的原因分析

相较后富地区而言，先富地区更容易积累更多的社会利益。长江经济带生活层面共享发展不足，究其本源是社会利益关系失衡导致的。先富地区与后富地区生活层面的"共同利益—特殊利益"关系失衡，势必造成地

[①] 数据根据各省市统计年鉴和《中国环境统计年鉴（2018）》计算而得。
[②] 罗建华，尚庆飞. 邓小平"先富带动后富"思想的解读与思考[J]. 南京社会科学，2015（6）：76-81，93.

区之间生活层面共享发展不足。首先，长江经济带地区间经济利益关系失衡，先富地区在生产层面的领先决定其拥有更高的消费能力。其次，由于大城市的"虹吸效应"，先富地区往往能够形成更高水平的教育、医疗、交通条件，能够通过对人才、资金、技术的吸引不断扩大与后富地区的差距，使得生活水平和质量能够持续高于后富地区。最后，先富地区在改善社会公共设施方面能够积极投入，生活环境得以改善和升级。

6.2.2.3 生态层面的原因分析

长江经济带各地区的废弃物排放规模庞大，给生态环境造成了巨大的压力，在获取经济利益、社会利益的同时，忽视了环境利益的平衡。相较后富地区，先富地区对污染治理投入的力度更大，对生态环境的修复和治理有着更加厚实的财力基础。先富地区与后富地区生活方式的不同，对环境的排放程度也不尽相同，上游地区排放的污染物对下游地区产生影响、城市排放的污染对农村地区产生影响、化工污染的跨区域转移等，极大地破坏了地区之间的环境利益关系，导致先富地区与后富地区生态层面的"共同利益—特殊利益"关系失衡。正如习近平同志所指出的，在传统生活方式下，很多人缺乏生态环保意识，对绿色发展和良好生态环境的重要性认识不足，特别是随着消费时代的来临，日常生活场域向长江流域过度排放生活废弃物的现象较为突出[①]。

6.3 以"先富地区"带动"后富地区"推动长江经济带共享发展

先富地区带动后富地区是实现先富带动后富的现实要求，也是推动长江经济带共享发展的必由之路。具体而言，以"先富地区"带动"后富地区"全面发展，构建区域生产集约协调的经济利益格局、人民生活

---

① 习近平主持召开全面推动长江经济带发展座谈会并发表重要讲话[EB/OL]. http://www.gov.cn/xinwen/2020-11/15/content_5561711.htm.

协同共进的社会利益格局、流域生态共保共治的环境利益格局,促进生产、生活、生态领域的共同富裕,就成为推动长江经济带共享发展的具体路径。

6.3.1 构建区域生产集约协调的经济利益格局,促进生产领域的共享发展

促进长江经济带生产领域的共享发展,需要构建区域生产集约协调的经济利益格局,实现经济层面"共同利益—特殊利益"关系均衡。长江经济带先富地区带动后富地区促进生产领域的共享发展,要务是发展生产力,夯实共同富裕的物质基础。要进一步扩大利益创造总量,充分发挥中国特色社会主义的制度优势,坚定不移发展生产力,为长江经济带先富地区带动后富地区共同富裕奠定物质基础。要进一步发挥中国特色社会主义在利益分配中的公平性和共享性,在先富地区与后富地区之间打破利益分配的行业限制和地域限制,最大限度地满足全体社会成员的共同利益,实现区域利益共享。

同时,要为长江经济带先富地区带动后富地区共同富裕提供现实路径指导。首先,共享发展是中国特色社会主义的本质要求[1],也是"基于破解发展难题、实现共同富裕的'智慧之钥'"[2]。利益共享不是一蹴而就的,要重视利益的渐进共享和共创共享。一方面,要渐进调整先富地区与后富地区在经济利益格局中的地位,调动后富地区的生产积极性,不断引导后富地区的自我赶超。另一方面,要制定先富地区与后富地区跨区域的产业协同政策,以利益共创共享为导向,依靠先富地区来扶持后富地区的产业发展,提高后富地区的产业核心竞争力,尤其是一些资本、技术稀缺

---

[1] 中共中央关于制定国民经济和社会发展第十三个五年规划的建议[N]. 人民日报,2015-11-04.

[2] 陈娟. 论共享发展与共同富裕的内在关系[J]. 思想教育研究,2016(12):34-38.

性行业和领域，要利用好先富地区的资本、技术和经验，带动后富地区的产业发展。

6.3.2 构建人民生活协同共进的社会利益格局，促进生活领域的共享发展

推动长江经济带生活领域的共享发展，构建地区之间人民生活协同共进的社会利益新格局，需要做好如下几个方面工作：

（1）进一步加强后富地区的公共基础设施建设。特别是推动区域城乡基本公共服务均等化，切实解决区域之间、城乡之间教育、医疗、养老、交通等基本公共服务的不平等问题，改善后富地区、农村地区教师、医生等人员的基本生活条件和收入状况，推动区域城乡基本公共服务共享。同时，要扎实推进后富地区新基建，促进后富地区抢抓新一轮科技革命与产业变革的新机遇，发掘后发潜能。

（2）要更加积极地推动先富地区优质社会资源向后富地区转移，带动提升后富地区社会发展水平，推动先富地区、城市地区优质教育、医疗、交通资源向后富地区、农村地区扩展。

（3）继续发挥对口支援的重要作用，扩大对口支援的共享领域和共享范围，从对口援助到对口援建，从重点工程建设到社会民生事业，实现先富地区带动后富地区在社会领域得到更多共享发展成果。

（4）以当前扩大内需战略为契机，开展制度创新供给，促进后富地区消费能力和消费质量提升，推动后富地区消费升级，让后富地区更好地分享到社会发展带来的利益，实现生活质量的有效提升。

6.3.3 构建流域生态共保共治的环境利益格局，促进生态领域的共享发展

长江经济带促进生态领域的共享发展，需要构建流域生态共保共治的

环境利益格局，实现"人与自然的和解"。实现"人与自然的和解"，不仅要对生产方式与消费方式进行"绿色变革"，而且要建立健全先富地区与后富地区之间生态利益补偿机制。一方面，要积极促进长江经济带先富地区带动后富地区实现生产方式与消费方式绿色化变革。后富地区要借力先富地区，提升全要素生产率，避免对长江流域资源的过度索取，降低废弃物排放，以"人与人的和解"实现"人与自然的和解"。另一方面，着眼于长江流域系统性，建立并完善流域先富地区与后富地区之间的生态利益补偿机制，构建流域生态共保共治的环境利益新格局，打造流域生态利益共同体，充分发挥上游地区流域生态屏障的功能，以之促进流域生态层面的共享发展。

6.4　本章小结

当前，流域"共同利益—特殊利益"关系失衡使得长江经济带共享发展在生产、生活、生态层面都存在不足，亟须更好扭转先富地区与后富地区经济层面、社会层面、环境层面的利益分化格局。因此，要推动长江经济带共同富裕，要从"经济—社会—环境"三个层面出发，构建区域生产集约协调的经济利益格局、人民生活协同共进的社会利益格局、流域生态共保共治的环境利益格局，促进生产、生活、生态领域的利益共享。在此基础上，通过先富地区带动后富地区的协同发展，构建长江经济带"共同利益—特殊利益"均衡新格局，不断推进长江经济带共同发展，推动长江经济带共同富裕取得更为明显的实质性进展。

第 7 章

新时代长江经济带融入新发展格局研究：基于营商环境优化的视角

2020年8月，习近平总书记在经济社会领域专家座谈会上指出："要推动形成以国内大循环为主体、国内国际双循环相互促进的新发展格局。这个新发展格局是根据我国发展阶段、环境、条件变化提出来的，是重塑我国国际合作和竞争新优势的战略抉择。"[①] 2020年10月，党的十九届五中全会提出加快构建以国内大循环为主体、国内国际双循环相互促进的新发展格局，并在《中共中央关于制定国民经济和社会发展第十四个五年规划和二〇三五年远景目标的建议》中，将"形成强大国内市场，构建新发展格局"，作为我国"十四五"新发展阶段的一项重要举措和重大任务。

近年来，随着全球一体化进程的受挫和国际形势的剧变，大多数经济体的劳动力成本不断上升，国内市场空间加速饱和，传统的资源禀赋要素的作用正在逐渐减弱，作为一种重要的制度性资源，营商环境在经济社会发展中的作用越来越重要，也成为不少经济体推动经济结构转型，实现经济跨越的重要突破口。

---

① 习近平. 在经济社会领域专家座谈会上的讲话［EB/OL］. http：//www.xinhuanet.com/politics/leaders/2020-08/24/c_1126407772.htm.

7.1 新时代长江经济带的历史使命：以营商环境优化支撑新发展格局

自从党的十八届三中全会首次提出"建设法治化营商环境"以来，党中央和国务院一直对改善国内各地区营商环境极为重视。最近几年来，中央政府大力推动政府"放管服"改革，旨在构建既"亲"且"清"的新型政商关系，各省区市地方政府为响应中央号召，也实施了大量优化地区营商环境的积极举措。世界银行 2018～2020 年发布的关于全球营商环境发展和排名的著名报告《营商环境报告》（*Doing Business*）显示，近年来中国的营商环境持续改善，世界排名不断提升，已经由 2018 年的第 78 位上升至 2020 年的第 31 位，连续两年成为世界银行 190 个被调查经济体中营商环境改善幅度最大的国家之一[1]。

需要指出的是，作为一个区域差异十分显著的发展中大国，世界银行的《营商环境报告》是以中国最发达的两个城市——上海和北京为调查对象对中国营商环境进行整体评价的，并没有包括中国其他省区市的样本。同时，近年来有不少研究指出了世界银行营商环境评价存在的一些局限性。一方面，世界银行的营商环境评价体系根植于发达经济体的标准体系，更适合对西方发达经济体进行评价，但在面对发展中国家巨大的多样性时，其评价结论不一定是全面而准确的（钟飞腾和凡帅帅，2016）；另一方面，世界银行营商环境指标体系也存在过于侧重政府监管数量和时长，而忽视政府的监管质量，未充分涵盖市场规模、基础设施、人文环境等更宏观意义上的测量指标的问题。有鉴于此，2019 年 10 月，国务院正式公布了中国优化营商环境领域的第一部综合性行政法规——《优化营商

---

[1] 世界银行《营商环境报告 2020》中改善最为显著的经济体分别是沙特阿拉伯、约旦、多哥、巴林、塔吉克斯坦、巴基斯坦、科威特、中国、印度和尼日利亚。

环境条例》，这一条例为我国各地区优化营商环境实践提供了指导方向与基本的制度保障。2020年10月，《中共中央关于制定国民经济和社会发展第十四个五年规划和二〇三五年远景目标的建议》提出了"持续优化市场化法治化国际化营商环境"的任务，更是为我国新发展格局背景下的营商环境建设指明了方向。

长江流域由于物产丰饶、交通便利、人口稠密等得天独厚的优势，历来是中国经济最为发达的地区之一。作为重大国家战略发展区域，长江经济带连接了东中西三大板块的多个国家级中心城市、区域级中心城市和跨省区市城市群，其所具有的经济发展、区位和人口优势对于畅通国内大循环、实现经济高质量发展具有极为重要的战略意义。国家统计局最新数据显示，2019年，长江经济带11个省市创造的国内生产总值达45.78亿元，占全国GDP的46.5%，总人口超过6亿，占全国总人口的42.9%，可见，长江经济带以占全国的21.4%的国土面积汇聚了全国40%以上的人口，创造了全国接近一半的国内生产总值，是中国经济社会发展的"压舱石"。

作为中国经济社会发展的重大战略区域，中央对长江经济带在新发展格局下的发展寄予厚望，2020年11月，习近平总书记主持召开的全面推动长江经济带发展座谈会强调，要坚定不移贯彻新发展理念，推动长江经济带高质量发展，谱写生态优先绿色发展新篇章，打造区域协调发展新样板，构筑高水平对外开放新高地，塑造创新驱动发展新优势，绘就山水人城和谐相融新画卷，使长江经济带成为我国生态优先绿色发展的主战场、畅通国内国际双循环的主动脉、引领经济高质量发展的主力军[①]。那么，在中央推动形成以国内大循环为主体、国内国际双循环相互促进的新发展格局的背景下，长江经济带9省2市的营商环境是否适应新发展格局的要求呢？如何利用营商环境这项愈发重要的制度性资源，使长江经济带成为畅通国内国际双循环的主动脉呢？在新时代下，面对百年未有之大变局，

---

① 习近平主持召开全面推动长江经济带发展座谈会并发表重要讲话[EB/OL]. http://www.gov.cn/xinwen/2020-11/15/content_5561711.htm.

以优化营商环境为抓手,以长江经济带为引领探索构建内外双循环的新发展格局具有重要而迫切的现实意义。因此,本章中我们将基于"双循环"新发展格局的任务和要求,设置全面的指标体系对长江经济带营商环境进行评价,探索优化长江经济带营商环境并使其成为畅通国内国际双循环主动脉的路径,以期为新发展格局下长江经济带营商环境优化和经济高质量发展提供政策借鉴。

7.2　国际国内营商环境评价文献综述

21世纪以来,由于国际局势的变化、世界银行等组织的推动以及各国政府对优化营商环境的重视,催生出大量以不同经济体或地区为研究对象的营商环境研究,其中也不乏对营商环境的指标评价研究,下面我们对比较有影响力和代表性的国际国内营商环境相关评价体系进行梳理和评价。

7.2.1　营商环境的概念与内涵

"营商环境"的概念在我国兴起的时间还相对较短,21世纪以来由于世界银行等国际组织的广泛宣传和中央政府的重视和大力推动,营商环境才广泛进入公众和研究者的视野。在我国改革开放初期,各地普遍使用的类似词汇是招商引资活动最为关注的"投资环境",这一词汇主要是从外来投资的角度观察一个地区的发展环境,所以也被称为"投资营商环境"。与营商环境相关的另一个早期概念是"软环境"。"软环境"往往与"硬环境"相对应,"硬环境"主要指一个国家或地区的自然资源禀赋和基础设施,也可以称为物质环境;而"软环境"主要代表物质条件以外的诸如政策、法律、文化、制度、习俗等外部环境的总和,也被称之为制度环境(娄成武和张国勇,2018)。

世界银行营商环境报告中将营商环境界定为：企业活动从开始到结束的各环节中所面临的外部环境状况（World Bank，2019）。国务院《优化营商环境条例》将营商环境定义为"企业等市场主体在市场经济活动中所涉及的体制机制性因素和条件"，并提出"建立和完善以市场主体和社会公众满意度为导向的营商环境评价体系，发挥营商环境评价对优化营商环境的引领和督促作用"。可见，世界银行和国务院条例对营商环境的定义更侧重制度环境层面，可以看作是物质条件以外的地区"软环境"，但是最近的一些研究在观察营商制度环境的同时，也关注了基础设施、自然禀赋等所谓的"硬环境"，他们认为，营商环境应该是作为物质环境的硬环境和作为制度文化环境的软环境所共同构成的发展环境（娄成武和张国勇，2018；张三保等，2020）。

在营商环境的内涵上，当然国内的新近研究一般都遵循国家"十三五"规划纲要对营商环境内核的界定，将营商环境划分为"公平竞争的市场环境""高效廉洁的政务环境""公正透明的法律政策环境""开放包容的人文环境"等四个方面。

7.2.2 国外营商环境评价体系

7.2.2.1 世界银行营商环境评价

当前国际上最有影响力的营商环境评价研究是世界银行从2003年起每年发布的全球营商环境报告，其最近的一次调查数据截至2019年发布的《营商环境报告2020》，其报告统计了从2018年5月到2019年5月之间，世界上190个国家和地区所进行的294项监管改革。世界银行营商环境报告通过对全球目标经济体相关政策和数据的收集，经过十多年的不断优化，从最初的仅包含开办企业、员工聘用与解聘、执行合同、获得信贷和办理破产等5项一级指标，到最近一次调查已经调整完善到目前的11项一级指标，40多项二级指标，具体指标见表7.1。上述指标具体可以被分为三个大类：第一类侧重于企业开办、运行等过程的便利度，包括开办企业、办理施工许可证、获得电力供应、登记财产、纳税等一级指标；第二类侧重于经济体对企业的法律保障的法治化，包括获得信贷、保护少数投资者、执行合同、破产办理等一级指标；第三类指标则侧重于经济体的国际化程度，主要用跨境贸易一级指标来表示。另外，世界银行营商环境指标体系中也包括了"雇佣员工"等指标，但是在计算营商环境得分和排名时并没有纳入该指标。

表7.1　　　　　　　　世界银行营商环境报告指标体系

一级指标	二级指标
开办企业	开办企业程序（数量）、开办企业时间（天数）、开办企业成本（人均收入百分比）、最低法定资本金（人均收入百分比）
办理施工许可证	手续（数量）、时间（天数）、成本（人均收入百分比）、建筑质量控制指数（0~15）
获得电力供应	手续（数量）、时间（天数）、成本（人均收入百分比）、电力供应可靠性和电费指数透明度（0~8）
登记财产	手续（数量）、时间（天数）、成本（人均收入百分比）、土地管理质量指数（0~30）
获得信贷	合法权利力度指数（0~12）、信贷信息深度指数（0~8）、信贷登记机构覆盖率（成年人百分比）、信用机构覆盖率（成年人百分比）
保护少数投资者	信息披露指数（0~10）、董事责任指数（0~10）、股东诉讼便利指数（0~10）、股东权利保护指数（0~10）、所有权和控制权保护指数（0~10）、公司透明度指数（0~10）、纠纷调解指数（0~10）、股东治理指数（0~10）、少数投资者保护力度指数（0~10）
纳税	纳税频率（每年）、时间（小时数/每年）、总税率（商业净利润百分比）、报税后程序指数（0~100）
跨境贸易	出口时间：边界合规（小时）、出口成本：边界合规（美元） 出口时间：单证合规（小时）、出口成本：单证合规（美元） 进口时间：边界合规（小时）、进口成本：边界合规（美元） 进口时间：单证合规（小时）、进口成本：单证合规（美元）
执行合同	时间（天数）、成本（标的百分比）、司法程序质量指数（0~18）
办理破产	时间（年数）、成本（资产价值百分比）、结果（0表示资产被分割；1表示继续运营）、回收率（收回债务占债务额的百分比）、破产框架力度指数（0~16）
雇佣员工*	雇佣员工数、工作时间、裁员规则、裁员成本

注：*表示该指标未包括在营商环境分数计算和排名中。
资料来源：根据世界银行营商环境报告和现有文献整理。

7.2.2.2 其他国外营商环境评价体系简介

1. 世界经济论坛全球竞争力评价

世界经济论坛从 1979 年开始发布的《全球竞争力报告》被认为是最早的全球营商环境评价报告（宋林霖和何成祥，2018）。世界经济论坛《全球竞争力报告》每年发布一期，其全球竞争力指标体系主要由宏观经济环境、健康保障与基础教育、制度、基础设施、高等教育与职业培训、商品市场效率、市场规模、劳动力市场效率、技术就绪指数、商业成熟度及创新能力等方面指标构成[①]。总体来说，世界经济论坛的《全球竞争力报告》由于历史较为悠久，其指标体系、数据获取以及发布机制等各个方面都相当完备，但是由于其指标体系所涉及的指标不仅涉及营商环境，还包括了经济社会发展的多个方面，故将其指标体系用于专门的营商环境评价还缺乏足够的针对性。

2. 经济学人营商环境评价

经济学人智库（Economist Intelligence Unit，EIU）作为《经济学人》杂志的旗下智库，针对 82 个目标经济体未来五年的商业环境状况，每五年发布一次营商环境排名，近年来也具有一定的影响力。经济学人智库评价指标体系将营商环境分为 10 个子领域，这些子领域包括政治环境、宏观经济环境、市场机遇、自由市场及竞争政策、外资政策、外贸及汇率管制、税率、融资、劳动市场、基础建设等方面；上述每个子领域下设 5~16 个二级指标，构成了含有 91 个二级指标的指标体系[②]。经济学人智库营商环境评价发布周期较长，面向的经济体也相对较少，其营商环境评价也带有明显的预测性质。

3. 全球创业观察创业环境评价

全球创业观察（Global Entrepreneurship Monitor，GEM）是由百森商学

---

① The World Economic Forum. The Global Competitiveness Report [R]. 2017-03-20.
② The Economist Intelligence Unit. Business Environment Ranking and Index 2014 [R]. The Economist Intelligence Unit, 2014-05-21.

院和伦敦商学院于 1999 年开始合作发起的创业环境评价项目。全球创业观察项目旨在对国家层面的创业环境进行评估，其评价体系主要由创业者融资、政府创业项目、高校创业教育和培训、基础学校创业教育、政府政策（税收和官僚机构）、政府政策（支持）、研发成果转化、商业和法律基础、内部市场动态、内部市场开放、基础服务设施、文化和社会规范等方面构成[①]。

4. 经济合作与发展组织（OECD）创业环境评价

OECD 创业环境评价项目由世界经济合作与发展组织发起，利用世界银行数据库和 OECD 数据库获得评价数据，其指标体系的设定关注企业从初创到成熟的全过程，并根据企业的不同发展阶段将创业环境分为三个阶段：影响初创企业的决定因素、反映企业发展的直接效应以及企业发展成熟所产生的社会效应。同时，该项目将影响企业创业的因素又分成了市场状况、政策框架、资金获取、技术与研发、创新能力和创业文化等六种类型（Ahmad & Hoffman，2007）。

7.2.3 国内营商环境评价体系

近年来国内关于中国区域营商环境的系统评价也不断涌现，其研究对象主要涉及省级行政区域和各个不同类型的城市，下面我们主要对比较有代表性以及最新的国内营商环境评价体系进行简要介绍。

7.2.3.1 中国市场化指数

中国市场化指数最初是由樊纲等（2001）于 2001 年首次发布的中国分省市场化指数评价，其评价对象覆盖了我国除西藏和港澳台地区以外的 30 个省区市，最近一次的报告发布于 2018 年（王小鲁和樊纲，2018），其应该是目前国内衡量中国企业外部经营环境状况的影响最广泛的指数评价体系。中国市场化指数主要涵盖了五个方面的分项指标：政府与市场的

---

① 详情可参见全球创业观察（GEM）网站：https://www.gemconsortium.org/report。

关系、非国有经济的发展、产品市场的发育程度、要素市场的发育程度、市场中介组织发育和法律制度环境等，这些指标也被国内的学术研究广泛使用，具有较大的影响力。

7.2.3.2 中国城市营商环境评价

李志军（2019）的中国城市营商环境评价主要对象为中国 290 个地级市及以上城市，其营商环境评价指标体系涉及政府效率、人力资源、金融服务、公共服务、市场环境、创新环境等六个方面。

7.2.3.3 中国城市政商关系评价

中国人民大学国家发展与战略研究院政企关系与产业发展研究中心基于"放管服"改革和构建"亲""清"政商关系的基本要求，对中国 285 个地级市及以上城市营商环境中的政商关系进行了评价，其指标体系主要包括政府对企业关心、政府对企业服务、企业的税费负担、政府廉洁程度、政府透明度等五个层面（聂辉华等，2019）。

7.2.3.4 中国省份营商环境评价

张三保等（2020）按照国家"十三五"规划纲要中对营商环境内涵的界定，根据市场环境、政务环境、法律政策环境和人文环境四个方面设置了包括融资、创新、竞争公平、资源获取、市场中介、政府效率、政府廉洁、政府关怀、政策透明、司法公正、对外开放、社会信用等 12 个指标，对中国 31 个省级行政区（不含港澳台地区）的营商环境进行了评价。

7.2.3.5 发改委中国营商环境报告

作为我国营商环境评价领域的第一部国家层面的报告，国家发改委于 2020 年 9 月发布了《中国营商环境报告 2020》，对中国 31 个省区市（不含港澳台地区）的营商环境进行了评价。该报告分别从企业生命周期链条视角和城市高质量发展视角两个方面设置了 18 个一级指标：在企业生命周期链条视角设置了开办企业、劳动力市场监管、办理建筑许可、政府采购、招标投标、获得电力、获得用水用气、登记财产、获得信贷、保护中小投资者、知识产权创造保护和运用、跨境贸易、纳税、执行合同、办理破产等 15 个指标，在城市高质量发展视角设置市场监管、政务服务、包容普惠创新等 3 个指标；同时对北京、深圳、广州、上海、杭州、厦门、衢州、南京、武汉、天津、银川、宁波、成都、沈阳、西安等 15 个代表性城市进行了案例分析[①]。

7.2.4 国内外营商环境评价体系述评

从上文的梳理和分析可以看出，当前国内外关于国家和区域营商环境的评价研究从多个方面选取多个对象进行了研究，取得了非常丰富的研究成果。以世界银行营商环境报告为代表的评价体系侧重于从企业生命周期角度探讨企业生存的微观环境，并未涵盖市场规模、基础设施、人文环境等更宏观意义上的指标，对于发展中国家也不一定特别适用；近年来包括国家发展和改革委员会在内的一些营商环境评价体系中考虑到了城市高质量发展等宏观层面的指标，这是对现有研究体系的很明显的具有中国特色的改进。

然而，当前研究依然存在以下几方面可以进一步探讨的方向：

第一，当前大部分研究的指标体系依然过于侧重政府监管数量与时长而忽视政府监管的质量，未充分涵盖人文环境、基础设施、市场规模等更宏观意义上的指标。

第二，受世界银行等国际评价体系的影响，当前的多数研究所采用的指标根植于发达国家的标准体系，无法适应发展中国家巨大的多样性，缺少与中国多样化地区发展实践密切联系的具有中国特色的研究体系，对长江经济带等重大战略发展区域的系统研究尤为匮乏。

第三，推动构建以国内大循环为主体、国内国际双循环相互促进的新发展格局为中国城市营商环境的发展提出了更全面的要求，在当今国际国内环境面临"百年未有之大变局"的背景下，学界缺少与"双循环"发

---

① 国家发展和改革委员会. 中国营商环境评价报告 2020 [M]. 北京：中国地图出版社，2020.

展格局相适应的营商环境评价研究。

有鉴于此，下面我们在借鉴现有研究的有益探索的基础上，基于"双循环"新发展格局的任务和要求，设置全面的指标体系对长江经济带营商环境进行评价，并利用空间自相关指数的测算进一步探索长江经济带营商环境的空间关联特征。

7.3 双循环视域下长江经济带营商环境评价指标体系

7.3.1 指标体系构建及说明

7.3.1.1 内循环营商环境和外循环营商环境指标体系构建及说明

根据国家"十三五"规划纲要中对营商环境内涵的界定，并参考国家发改委的《中国营商环境报告2020》、世界银行的《全球营商环境报告》、世界经济论坛的《全球竞争力报告》以及王小鲁和樊纲等（2018）、聂辉华等（2019）、张三保（2020）等国内研究的指标体系，充分考虑"以国内大循环为主体、国内国际双循环相互促进的新发展格局"的要求，我们首先将长江经济带营商环境指标体系分为内循环营商环境和外循环营商环境两大部分。内循环营商环境部分包括了国家"十三五"规划纲要中所界定的4个一级指标：市场环境、政务环境、法律政策环境和人文环境，这4个一级指标下又分别设置了融资、竞争、资源成本、市场中介、政府廉洁、政府关怀、政府效率、政府透明、司法公正、社会组织、居民服务等11个二级指标。外循环营商环境部分我们借鉴现有研究并结合国家"十四五"规划纲要中构建双循环发展格局的要求，设置了要素市场化、贸易自由化、投资便利化和区域创新力等4个一级指标，这4个一级指标下同时设置了技术成果、要素市场、资本要素、劳动力要素、口岸效率、外商企业、外贸规模、自贸区、政府服务、外商固定资产投资、外商投资、区域发展吸引力、技术创新、研发投入、企业创新、创新环境等 16 个二级指标，总体上来看，我们的指标包括了 8 个一级指标、27 个二级指标和 33 个三级指标，具体指标见表 7.2 所示。

表 7.2 长江经济带新发展格局下的营商环境评价指标体系

双循环	一级指标及权重	二级指标	评价内容	三级指标及测算方法	数据来源
内循环(60%)	市场环境(20%)	融资	社会融资	社会融资规模增量/GDP	《中国金融年鉴2019》
		竞争	国有经济比重	国有企业社会固定资产投资/内资企业全社会固定资产投资	EPS 数据库
		资源成本	用水成本	非居民水价	中国水网
			土地成本	商业用地地价	EPS 数据库
			交通资源	交通运行指数（拥堵情况）	《城市交通出行报告 2018》
		市场中介	商业服务人员占比	租赁及商业服务业从业人数/私营企业就业人数	EPS 数据库
	政务环境(15%)	政府廉洁	政府廉洁度	政府廉洁指数	《2018 中国城市政商关系报告》
		政府关怀	政府对企业关心度	政府对企业关心指数	《2018 中国城市政商关系报告》
		政府效率	政府支出	一般公共预算支出/GDP	《中国统计年鉴2020》
	法律政策环境(12.5%)	政府透明	政府透明度	政府透明度指数	《2018 中国城市政商关系报告》
		司法公正	司法文明	司法文明指数	《中国司法文明指数报告 2018》
	人文环境(12.5%)	社会组织	社会组织数	社会组织数	《中国统计年鉴2020》
		居民服务	居民服务就业人数占比	居民服务和其他服务业就业人数/企业就业人数	《中国统计年鉴2019》

续表

双循环	一级指标及权重	二级指标	评价内容	三级指标及测算方法	数据来源
外循环(40%)	要素市场化(10%)	技术成果	技术成果市场化	技术成果市场化指数	《中国区域科技创新能力评价报告2016—2017》
		要素市场	要素市场发育	要素市场发育程度指数	《中国分省份市场化指数报告2018》
		资本要素	资本要素开放度	外商投资企业年底注册资金中外资部分	《中国统计年鉴2019》
		劳动力要素	劳动力要素丰裕度	劳动年龄人口占比	《中国统计年鉴2019》
	贸易自由化(10%)	口岸效率	港口规模	港口货物吞吐量	《中国港口年鉴2019》
		外商企业	外商企业数	外商投资企业数	EPS数据库
		外贸规模	外贸依存度	进出口总额/GDP	《中国统计年鉴2019》
		自贸区	省级自由贸易区	是否批注设立自贸区	政府门户网站
	投资便利化(10%)	政府服务	政府服务水平	政府对企业服务水平	《2018中国城市政商关系报告》
		外商固定资产投资	外商固定资产投资占比	外商固定资产投资/内资企业全社会固定资产投资	EPS数据库
		外商投资	外商投资总额	外商投资总额	EPS数据库
	区域创新力(10%)	区域发展吸引力	经济发展状况	人均GDP	《中国统计年鉴2020》
		技术创新	高技术企业从业人员	高技术产业从业人数/总就业人数	《中国区域科技创新能力评价报告2019》
			高技术企业数量	高技术企业数/规模以上工业企业数	《中国区域科技创新能力评价报告2019》

续表

双循环	一级指标及权重	二级指标	评价内容	三级指标及测算方法	数据来源
外循环（40%）	区域创新力（10%）	研发投入	政府研发投入	政府研发投入/GDP	《中国科技统计年鉴2018》
			科研机构	普通高等学校（机构）数量	《中国统计年鉴2020》
		创新环境	互联网	互联网普及率	《中国统计年鉴2018》
			移动电话	移动电话普及率	《中国统计年鉴2018》
		企业创新	企业研发	当年有R&D活动的企业占比	《中国区域科技创新能力评价报告2016—2017》
			企业对外技术引进	规模以上工业企业引进技术经费支出	《中国科技统计年鉴2018》

当然，本章虽然将营商环境指标体系分成了内循环和外循环两个部分，但是需要特别指出的是，实际上内循环和外循环各个一级指标及二级指标往往是相互联系、相互促进的，例如内循环营商环境中的市场环境、法律政策环境等指标，也可能会影响到外循环，而外循环营商环境中的要素市场化、贸易自由化等指标也会促进当地经济发展，改善内循环营商环境。因此，我们对于内循环和外循环营商环境指标体系的分类并不是绝对划分，而是根据内循环和外循环的要求对指标各有侧重，在内循环营商环境部分我们侧重国内市场指标，而在外循环营商环境中我们侧重于各地区在重要指标方面对国际市场的服务和吸引力。

7.3.1.2 关于营商环境各级指标权重设定的说明

根据中央"以国内大循环为主体"的精神，我们首先赋予内循环营商环境60%的权重，赋予外循环营商环境40%的权重。对于内循环营商环境中的4个一级指标的权重设定，本章借鉴现有研究，采用了专家打分法来确定其权重。具体的，我们请专家对4个一级指标的重要性进行排序，根据重要性排序结果并结合二级指标的数量，我们分别为 4 个一级指标赋权为 20%、15%、12.5% 和 12.5%。对于外循环营商环境的 4 个一级指标权重的确定，由于专家对 4 个一级指标重要性的排序较为均衡，因此我们将 4 个一级指标的权重均设定为 10%。对于内循环营商环境和外循环营商环境二级指标的权重设定，我们根据一级指标的权重对二级指标权重进行平均分配，三级指标根据二级指标的权重进行平均分配，如果下一级指标下只有一个指标，那么就以该指标作为上级指标的得分值。

本章所使用的指标数据主要来源于《中国统计年鉴 2018》《中国金融年鉴 2019》《中国港口年鉴 2019》《中国科技统计年鉴 2018》《城市交通出行报告 2018》《2018 中国城市政商关系报告》《中国司法文明指数报告 2018》《中国区域科技创新能力评价报告 2016—2017》《中国区域科技创新能力评价报告 2019》《中国分省份市场化指数报告 2018》《中国科技统计年鉴 2018》以及 EPS 数据库、中国水网、各省区市政府网站等，具体如表 7.2 第 6 列所示。

7.3.2 指标体系数据来源与计算方法说明

为了对长江经济带营商环境进行精确测算，借鉴现有研究（张三保等，2020），我们采用了效用值法对各个指标的原始数据进行处理，效用值的取值范围为 [0, 100]。根据指标性质的不同，对于正向指标，我们采用公式（7.1）测算相应指标的效用值，对于负向指标，我们采用公式（7.2）测算对应指标的效用值。

$$y_{ij} = \frac{x_{ij} - x_{i\min}}{x_{i\max} - x_{i\min}} \times 100 \qquad (7.1)$$

$$y_{ij} = \frac{x_{i\max} - x_{ij}}{x_{i\max} - x_{i\min}} \times 100 \qquad (7.2)$$

公式（7.1）和公式（7.2）中，i 表示不同指标，j 代表不同省市，x_{ij} 表示 j 省市在 i 指标上的原始值，而 y_{ij} 则表示 j 省市在 i 指标上的效用值，x_{imax} 代表所有省市在 i 指标上的最大值，x_{imin} 代表所有省市在 i 指标上的最小值。

7.4 长江经济带营商环境评价与分析

本章根据内循环营商环境和外循环营商环境设置8个一级指标、27个二级指标和33个三级指标，构成长江经济带双循环营商环境评价指标体系，并全部采用公开获取数据对长江经济带11个省市在各方面的指标值进行测算，得到各省市双循环营商环境、内循环营商环境和外循环营商环境及其一级指标各分项的得分和排名情况，并根据得分和排名情况对长江经济带营商环境的区域特征和差异进行分析。

7.4.1 长江经济带各省市双循环营商环境总体情况

表7.3中我们根据表7.2指标体系，得到了长江经济带11个省市内循环营商环境和外循环营商环境以及双循环营商环境的得分和排名情况。

表7.3　长江经济带双循环营商环境总得分和排序情况

省份	内循环 得分	内循环 排序	外循环 得分	外循环 排序	双循环 总得分	双循环 总排序
上海	56.85	3	87.88	1	69.26	1
江苏	61.85	2	68.89	2	64.66	2
浙江	69.52	1	51.34	3	62.25	3
安徽	45.42	7	24.03	7	36.86	7
江西	45.92	6	16.55	8	34.17	8
湖南	40.95	10	15.93	9	30.95	9

续表

省份	内循环		外循环		双循环	
	得分	排序	得分	排序	总得分	总排序
湖北	45.12	8	35.30	4	41.19	4
重庆	47.09	4	31.85	5	41.00	5
四川	46.93	5	27.40	6	39.12	6
贵州	41.20	9	3.63	11	26.17	10
云南	26.88	11	10.02	10	20.14	11

注：双循环得分 = 内循环得分 × 60% + 外循环得分 × 40%。

从内循环营商环境的得分和排名情况可以看出，长江经济带内循环营商环境排名前三的省市分别为浙江、江苏和上海，这三个省市得分均超过了50；排名最后的三位分别为贵州、湖南和云南，而其他省市之间的得分差距并不大。

从表7.3中的外循环营商环境得分和排名的测算结果中我们可以看出，长江经济带外循环营商环境排名第一的为上海，而江苏和浙江分列二、三位；排名后两位的是云南和贵州，湖北、重庆、四川、安徽、江西、湖南分列四至九位。对比不同省市的得分差距可以发现，长江经济带各省市在外循环营商环境上的得分差距很大，排名第一的上海的外循环营商环境要远优于其他省市，而排名前三位的省市与其他省市尤其是排名最后的两个省表现出了非常明显的差距。

根据内循环营商环境和外循环营商环境的得分，我们按照权重对这两部分进行加总，得到了各省市的双循环营商环境总得分和排序情况。从表7.3报告的长江经济带双循环营商环境总得分和排序情况我们可以看出，由于各省市之间的内循环营商环境差距不大，但是外循环营商环境差异巨大，因此双循环营商环境的排序与各省市在外循环营商环境方面的排序基本一致：上海、江苏、浙江排名前三，湖北、重庆、四川次之，安徽、江西、湖南紧随其后，后两位为贵州和云南，依然呈现出了明显的区域分化。

7.4.2 长江经济带各省市营商环境的区域差异分析

从表 7.3 对长江经济带各省市的内循环、外循环和双循环营商环境的排序我们观察到，各地区营商环境似乎表现出了明显的区域集聚和分化特征，因此，我们按照各省市在内循环、外循环和双循环营商环境中的得分情况，将长江经济带 11 省市按等级进行分类，并对各等级平均得分进行比较和排序，如表 7.4 所示。

表 7.4　长江经济带 11 省市营商环境等级和分类情况

循环类型	等级	得分区间	平均得分	排名	地区
内循环	A	>50	62.74	1~3	江苏、浙江、上海
	B+	46~50	47.01	4~5	重庆、四川
	B	42~46	45.49	6~8	江西、安徽、湖北
	B-	40~42	41.07	9~10	贵州、湖南
	C	<40	26.88	11	云南
外循环	A+	>80	87.88	1	上海
	A	50~80	60.12	2~3	江苏、浙江
	B+	25~50	31.52	4~6	湖北、重庆、四川
	B	15~25	18.84	7~9	安徽、江西、湖南
	C	<15	6.82	10~11	云南、贵州
双循环	A	>60	65.39	1~3	上海、江苏、浙江
	B+	40~60	41.09	4~5	湖北、重庆
	B	35~40	37.99	6~7	四川、安徽
	B-	30~35	32.56	8~9	江西、湖南
	C	<30	23.15	10~11	贵州、云南

从表 7.4 各省市内循环营商环境的等级和分类情况可以看出，江苏、浙江、上海为 A 级，重庆、四川为 B+ 级，江西、安徽、湖北为 B 级，贵州、湖南为 B- 级，三个中间层级之间的平均得分差距不大，而云南为 C 级。从各省市的区域分布来看，江苏、浙江和上海作为第一集团，与其他

省市相比存在明显优势,除云南以外,相邻区域似乎呈现出一定的集聚特征,但是根据表7.4内循环部分所测算的平均得分来看,长江经济带各省市在内循环营商环境方面的差距不大。

从表7.4报告的各省市外循环营商环境的等级和分类情况可以看出,上海为A+级,江苏和浙江为A级,湖北、重庆、四川为B+级,安徽、江西、湖南为B级,云南、贵州为C级。从外循环营商环境区域分布来看,长江经济带各省市似乎也呈现出一定的集聚特征;而从各个层级的平均得分差距可以发现,与内循环营商环境相比,长江经济带外循环营商环境各个层级之间的差距非常明显,虽然第一集团依然为上海、江苏和浙江,但是与其他省市的差距进一步拉大了。

对内循环营商环境和外循环营商环境按照6∶4的权重得到双循环营商环境的总得分,并按照等级进行分类的结果如表7.4的后5行所示,可以看出,整体而言,位于长三角的东部沿海发达地区的上海、江苏和浙江三个省市为第一集团,中上游地区的湖北、重庆为第二集团,中上游地区的四川、安徽、江西、湖南等省组成了第三集团,而上游地区的贵州和云南处于第四集团,各集团之间的差距较为明显。可见,长江经济带上游、中游和下游各省市的营商环境整体上表现出了较大的区域差异,呈现出明显的分化。

总结上文对长江经济带双循环营商环境的评价结果,我们发现新发展格局下的长江经济带营商环境存在以下典型特点:第一,在长江经济带内循环营商环境方面,虽然长三角和成渝等城市群表现出明显的优势,但是各个地区的差异并不大,得分较为接近;第二,在长江经济带外循环营商环境方面,各个省市之间呈现出非常明显的分化,上海、江苏、浙江、湖北、重庆和四川这六个省市所各自形成的毗邻城市群相比其他省市的优势进一步凸显;第三,总体而言,长江经济带双循环营商环境总排序方面,长江下游的上海、江苏和浙江的优势明显,中上游的湖北、重庆和四川表现也较为良好,而长江中游的安徽、江西和湖南较为靠后,长江上游的贵州和云南表现不佳,整个长江经济带的营商环境呈现出非常明显的区域集聚和分化特征。

7.4.3 长江经济带各省市内循环营商环境一级指标得分及排名情况

上文对长江经济带 11 个省市的总体营商环境进行了比较分析,下面我们对长江经济带内循环营商环境指标体系中的 4 个一级指标进行分项分析,如表 7.5 所示。

表 7.5　长江经济带内循环营商环境一级指标得分及排序情况

省份	市场环境 得分	市场环境 排序	政务环境 得分	政务环境 排序	法律政策环境 得分	法律政策环境 排序	人文环境 得分	人文环境 排序
上海	57.51	3	51.52	3	100.00	1	19.02	11
江苏	50.26	5	62.85	2	75.45	3	65.57	2
浙江	70.33	1	72.00	1	68.49	4	66.28	1
安徽	40.68	7	44.27	6	59.96	6	39.82	5
江西	59.17	2	29.92	9	53.52	8	36.33	7
湖南	39.64	8	43.48	7	21.73	11	59.24	3
湖北	38.27	9	50.13	4	56.23	7	38.96	6
重庆	50.76	4	26.29	10	79.03	2	34.24	9
四川	34.48	10	47.74	5	65.06	5	47.73	4
贵州	49.05	6	38.12	8	41.86	10	31.66	10
云南	15.28	11	21.66	11	43.00	9	35.60	8

内循环营商环境下的市场环境指标涉及了市场融资、竞争、资源成本和市场中介等方面,从长江经济带各省市市场环境一级指标的得分和排序来看,在这些方面表现最好的省市为浙江、江西和上海,重庆、江苏和贵州次之,安徽、湖南、湖北排名较为靠后,四川和云南处于最后。

内循环营商环境下的政务环境指标涉及政府廉洁、政府对企业关怀和政府效率等三个方面,从政务环境一级指标的得分和排序来看,在这些方面表现最优的是浙江、江苏和上海,湖北、四川、安徽、湖南和贵州次之,而江西、重庆和云南排名靠后。

从重点关注政策透明度和司法公正指标的法律政策环境一级指标的得

分和排序来看，上海表现最优，重庆、江苏、浙江、四川等省市次之，安徽、湖北、江西较为靠后，而云南、贵州和湖南排名末尾。

从重点关注社会组织和居民服务发展的人文环境一级指标的得分和排序方面可以看出，各个省市之间的差距不大，浙江、江苏和湖南排名靠前，四川、安徽、湖北、江西、云南、重庆次之，而贵州和上海则排名靠后。值得一提的是，在其他指标上表现出色的上海在该指标上排名靠后，其原因一方面在于上海在社会组织和居民服务机构人员的相对比例方面落后于其他省市，另一方面也可能源于人文环境的衡量指标本身的选取难度较大，不一定能完全反映出较为主观的人文环境情况。

7.4.4 长江经济带各省市外循环营商环境一级指标得分及排名情况

根据长江经济带外循环营商环境指标体系中的一级指标测算和比较，各省市要素市场化、贸易自由化、投资便利化、区域创新力等各分项的得分和排名情况如表7.6所示。

表7.6 长江经济带外循环营商环境一级指标得分及排序情况

省份	要素市场化 得分	排序	贸易自由化 得分	排序	投资便利化 得分	排序	区域创新力 得分	排序
上海	98.88	1	81.99	1	95.77	1	74.89	1
江苏	73.99	2	65.62	2	71.00	2	64.97	2
浙江	60.03	3	57.64	3	41.49	3	46.20	3
安徽	27.78	7	32.72	5	12.04	6	23.59	9
江西	27.76	8	5.42	8	8.41	9	24.61	7
湖南	25.08	10	3.92	9	10.90	7	23.84	8
湖北	51.94	4	30.69	6	30.20	4	28.36	6
重庆	38.46	6	33.23	4	20.44	5	35.29	4
四川	41.03	5	29.01	7	10.34	8	29.21	5
贵州	0.00	11	0.00	11	3.73	10	10.78	11
云南	25.80	9	2.11	10	1.20	11	10.96	10

本章的外循环要素市场化指标主要关注技术成果、要素市场、资本要素和劳动力要素等方面的对外交流情况，从表 7.6 的得分和排序情况可以看出，上海、江苏和浙江在要素市场化方面表现最优，湖北、四川和重庆次之，其次为安徽、江西、云南和湖南，贵州相对较为靠后。

从重点关注口岸效率、外商企业、外贸规模和自贸区设置的贸易自由化一级指标的得分和排名结果可以看出，上海、江苏和浙江优势突出，其次为重庆、安徽、湖北和四川，江西、湖南、云南和贵州与其他省市存在明显的差距。

从各省市在关注政府服务、外商固定资产、外商总投资和区域投资吸引力等方面的投资便利化一级指标上的得分和排序可以看出，上海和江苏表现优秀，浙江、湖北和重庆次之，安徽、湖南、四川、江西排名靠后，贵州和云南与其他省市存在差距。

本章外循环区域创新力一级指标重点关注各省市在技术创新、研发投入、创新环境和企业创新等方面对外循环的支撑和集聚力，从各省市的外循环区域创新力指标排名可以看出，上海、江苏、浙江和重庆排名靠前，四川、湖北、江西、湖南和安徽次之，云南和贵州排名相对靠后。

7.5　长江经济带双循环营商环境空间自相关分析

观察上文对长江经济带双循环营商环境的指标体系评价结果我们发现，长江经济带 11 省市在内循环营商环境、外循环营商环境和双循环整体营商环境方面似乎均呈现出一定的区域集聚特性，因此，下面我们利用探索性空间数据分析（ESDA）中最常用的测度空间关联性的全局 Moran's I 和局域 Moran's I 指数测算，揭示长江经济带各省市在双循环营商环境方面的空间关联特征。

7.5.1 全局空间自相关和局域空间自相关的测量方法简介

7.5.1.1 全局 Moran's I 指数

全局空间自相关主要关注空间数据在整个系统内的总体分布特征,具体思路是检验观测变量在整个研究区域是否存在相似、相异或者随机分布,当前研究普遍采用全局 Moran's I 指数对其进行测度。全局 Moran's I 指数的取值范围为 [-1, +1]。如果该指数大于 0,说明全局空间自相关存在正相关,而该指数越靠近 1 则说明其正相关程度越强;如果该指数小于 0,表明存在全局空间负相关,越接近 -1 说明其负相关程度越强;如果 Moran's I 指数等于 0,则认为不存在全局空间自相关,各观测值呈现出独立随机分布。

Moran's I 指数的计算公式如下:

$$I = \frac{n \sum_{i=1}^{n} \sum_{j=1}^{n} w_{ij}(x_i - \bar{x})(x_j - \bar{x})}{\sum_{i=1}^{n} \sum_{j=1}^{n} w_{ij} \sum_{i=1}^{n} (x_i - \bar{x})^2} \tag{7.3}$$

其中:n 表示地理单元数;w_{ij} 代表空间权重,本章采用的空间权重矩阵为邻接权重矩阵,如果区域 i 和区域 j 相邻,则 $w_{ij}=1$,否则 $w_{ij}=0$;x_i 和 x_j 为地区 i 和地区 j 的观测值;$\bar{x} = \frac{1}{n}\sum_{i=1}^{n}(x_i - \bar{x})^2$ 为平均值。

为了对区域是否存在空间自相关进行检验,可以计算标准化之后的 Moran's I 指数作为统计量(Z 值),其计算公式如下:

$$Z = \frac{I - E(I)}{\sqrt{Var(I)}} \tag{7.4}$$

一般假设变量服从正态分布,在 5% 的显著性水平下,当 Z 检验值的绝对值大于 1.96 时,拒绝原假设,区域间存在空间自相关,如果 Z > 1.96,则为集聚格局,如果 Z < -1.96,则为离散格局;当 Z 检验值的绝

对值小于 1.96 时,接受原假设,可以认为区域间不存在空间自相关,呈现出独立随机分布。

7.5.1.2 局域 Moran's I 指数

全局空间自相关 Moran's I 指数等统计量侧重于对全部地理单元相关性的总体判断,如果要考虑空间局部不平稳性,以观察具体区域与邻接区域空间关联和异质性,则需要使用局域空间自相关指标来进行分析。本章采用现有研究最常使用的局域 Moran's I 指数(LISA)来揭示长江经济带营商环境的局部空间集聚程度。局域 Moran's I 指数的计算公式如下:

$$I = \frac{(x_i - \bar{x})}{S^2} \sum_{j=1, j \neq i}^{n} w_{ij}(x_j - \bar{x}) = z_i \sum_{j=1, j \neq i}^{n} w_{ij} z_{ij} \quad (7.5)$$

其中,I 为局域空间自相关指数,w_{ij} 为标准化空间权重矩阵,z_i 和 z_j 为标准化后的观测值,$\bar{x} = \frac{1}{n}\sum_{i=1}^{n} x_i$ 为观测值的平均值,$S^2 = \frac{1}{n}\sum_{i=1}^{n}(x_i - \bar{x})^2$ 表示观测值的方差。如果 I 值显著为正且 z_i 大于 0,则区域 i 与其邻接区域为高高集聚;如果 I 值显著为正且 z_i 小于 0,则区域 i 与其邻接区域为低低集聚;如果 I 值显著为负且 z_i 大于 0,则区域 i 与其接邻区域为高低集聚;如果 I 值显著为负且 z_i 小于 0,则区域 i 与其接邻区域为低高集聚。

7.5.2 基于 Moran's I 指数的长江经济带空间自相关特征分析

7.5.2.1 长江经济带营商环境的全局自相关特征分析

本章分别对长江经济带内循环营商环境、外循环营商环境和双循环总营商环境进行的全局 Moran's I 指数测算结果如表 7.7 所示。从表 7.7 关于长江经济带内循环营商环境全局 Moran's I 指数测算结果可以看出,内循环营商环境 Moran's I 指数为 0.4192,且通过了置信度为 5% 的显著性检验,这表明长江经济带内循环营商环境存在明显的空间正相关;外循环营商环境 Moran's I 指数为 0.5344,也通过了置信度为 5% 的显著性检验,这表明长江经济带外循环营商环境也存在明显的空间正相关;双循环营商环境

Moran's I 指数为 0.5863,也通过了置信度为 5% 的显著性检验,这表明长江经济带双循环营商环境也存在明显的空间正相关。可见,整体而言,长江经济带各省市营商环境呈现明显的空间集聚格局,而且,从其 Moran's I 指数的大小可以看出,长江经济带内循环、外循环和双循环营商环境空间自相关呈现依次增强的趋势。

表 7.7 长江经济带营商环境全局 Moran's I 指数测算结果

指标	Moran's I	z 值	p 值
内循环营商环境	0.4192	2.7002	0.0069
外循环营商环境	0.5344	3.2448	0.0012
双循环营商环境	0.5863	3.3161	0.0009

7.5.2.2 长江经济带营商环境的局域自相关特征分析

上文我们对全局自相关的测算发现,长江经济带的营商环境整体上呈现显著的空间正向自相关,下面我们利用局域 Moran's I 指数来观察长江经济带各区域营商环境的不同空间关联性。

表 7.8 是我们对长江经济带各省市内循环营商环境局域 Moran's I 指数的测算结果,HH 代表高高集聚,HL 代表高低集聚,LH 代表低高集聚,LL 代表低低集聚。从表 7.8 可以看出,在长江经济带内循环营商环境的局域自相关的测算中,江苏、上海和浙江三个地区均呈现出显著的高高集聚,但其他地区并不存在明显的集聚特征。

表 7.8 长江经济带各省市内循环营商环境局域自相关测算结果

省份	局域 Moran's I	z 值	p 值	空间集聚类型
上海	1.2122	2.1511	0.0315	HH
江苏	0.9939	2.3096	0.0209	HH
浙江	0.7535	2.2005	0.0278	HH
安徽	−0.1503	−0.1298	0.8968	—
江西	−0.0361	0.1647	0.8692	—
湖南	0.1703	0.6969	0.4859	—
湖北	0.0689	0.4356	0.6632	—

续表

省份	局域 Moran's I	z 值	p 值	空间集聚类型
重庆	0.0379	0.2912	0.7709	—
四川	0.1124	0.3481	0.7277	—
贵州	0.3926	1.2700	0.2041	—
云南	0.6363	1.2070	0.2275	—

注：HH 代表高高集聚，HL 代表高低集聚，LH 代表低高集聚，LL 代表低低集聚，"—"表示不显著；本表局域自相关的显著性水平为5%。

表 7.9 是我们对长江经济带各省市外循环营商环境局域 Moran's I 指数的测算结果，可以看出，上海和江苏两个地区呈现出显著的高高集聚特征，但其他地区不存在明显的集聚特征。

表 7.9　长江经济带各省市外循环营商环境局域自相关测算结果

省份	局域 Moran's I	z 值	p 值	空间集聚类型
上海	2.1134	3.5925	0.0003	HH
江苏	1.0723	2.4556	0.0141	HH
浙江	0.4023	1.2881	0.1977	—
安徽	-0.1344	-0.0882	0.9297	—
江西	0.0581	0.4054	0.6852	—
湖南	0.3234	1.0858	0.2776	—
湖北	-0.0248	0.1929	0.8471	—
重庆	0.0476	0.3092	0.7572	—
四川	0.2624	0.5881	0.5564	—
贵州	0.5689	1.7154	0.0863	—
云南	0.6550	1.2254	0.2204	—

注：HH 代表高高集聚，HL 代表高低集聚，LH 代表低高集聚，LL 代表低低集聚，"—"表示不显著；本表局域自相关的显著性水平为5%。

表 7.10 是我们对长江经济带各省市双循环营商环境局域 Moran's I 指数的测算结果，从其局域自相关空间集聚类型可以看出，上海和江苏两个地区呈现出显著的高高集聚特征，但其他地区不存在明显的集聚特征。

表 7.10　长江经济带各省市双循环营商环境局域自相关测算结果

省市	局域 Moran's I	z 值	p 值	空间集聚类型
上海	2.1744	3.5653	0.0004	HH
江苏	1.1767	2.6011	0.0093	HH
浙江	0.6775	1.9565	0.0504	—
安徽	-0.1725	-0.1825	0.8552	—
江西	-0.0147	0.2147	0.8300	—
湖南	0.2925	0.9877	0.3233	—
湖北	0.0291	0.3249	0.7453	—
重庆	0.0492	0.3039	0.7612	—
四川	0.2366	0.5277	0.5977	—
贵州	0.5903	1.7372	0.0823	—
云南	0.8238	1.4482	0.1476	—

注：HH 代表高高集聚，HL 代表高低集聚，LH 代表低高集聚，LL 代表低低集聚，"—"表示不显著；本表局域自相关的显著性水平为 5%。

可见，长江经济带的内循环、外循环和双循环营商环境均在上海、江苏等长三角地区存在明显高高集聚的特征，但是其他地区的空间集聚特征并不明显，且没有发现其他类型的集聚特征在长江经济带营商环境中存在的证据。

7.6　本章小结

7.6.1　结论和讨论

本章基于"双循环"新发展格局的任务和要求设置全面的指标体系对长江经济带营商环境进行评价，按照内循环营商环境和外循环营商环境设置 8 个一级指标、27 个二级指标和 33 个三级指标，构成长江经济带双循环营商环境评价指标体系，采用公开获取数据对长江经济带 11 个省市在各方面的指标值进行测算,得到了各省市双循环营商环境、内循环营商环境和外循环营商环境及其一级指标各分项的得分和排名情况,并根据得分和排名情况对长江经济带营商环境的区域差异和空间自相关集聚特征进行了分析。

从对长江经济带双循环营商环境的全局空间自相关和局域空间自相关Moran's I 指数的测算结果我们发现,不论是内循环、外循环还是双循环,长江经济带各省市营商环境均呈现明显的空间集聚格局,而且,从其Moran's I 指数的大小可以看出,长江经济带内循环、外循环和双循环营商环境空间自相关呈现依次增强的趋势;局域空间自相关方面,长江经济带的内循环、外循环和双循环营商环境均在上海、江苏等长三角地区存在明显的高高集聚特征,但是其他地区的空间集聚特征并不明显,且没有发现其他类型的集聚特征在长江经济带营商环境中存在的证据。

7.6.2 完善长江经济带双循环营商环境的政策建议

营商环境的优化是一个系统工程,本章对长江经济带双循环营商环境的评价结果及其空间自相关特征的实证研究发现,长江经济带下游、中游和上游的营商环境尚存在明显的差距,虽然下游的上海、江苏和浙江较其他省份有明显的优势,但是这些省市在各项指标方面也不够均衡,存在一定的改进空间;而对于中游和上游地区来说,充分发挥区域优势,挖掘后发潜力,积极向发达地区学习是优化营商环境、适应新发展格局的必由之路。下面我们根据国家战略和区域城市群发展规划,将长江经济带11省市分为长三角城市群、长江中游城市群、成渝城市群以及黔滇城市群[①],利用表7.11和前文的相关分项表格,对各城市群营商环境及其各分项指标进行比较和分析,并在此基础上,分别对各城市群提出有针对性的营商

---

① 由于贵州和云南在地理上相邻,且在营商环境方面的排序和评分高度接近,为便于分类,我们按照这两个省份各自城市群的简称,将其合称为"黔滇城市群"。

环境优化建议。

表 7.11　　　　　　　长江经济带城市群营商环境排序

地区	内循环 得分	内循环 排序	外循环 得分	外循环 排序	双循环 总得分	双循环 总排序
长三角城市群	58.41	1	58.04	1	58.26	1
长江中游城市群	44	3	22.59	3	35.44	3
成渝城市群	47.01	2	29.63	2	40.06	2
黔滇城市群	34.04	4	6.82	4	23.15	4

（1）长三角城市群。从表7.11的城市群排序以及前文表7.3~表7.6对内循环和外循环营商环境的得分情况进行比较可以发现，在长三角城市群中，上海、江苏和浙江三省市在整体上较长江经济带其他省市具有明显的优势，但是同为长三角城市群的安徽省与其他三省市却存在很大差距；同时，长三角发达省市在一些分项指标的表现上还不够均衡，例如江苏在市场环境方面、上海在人文环境方面的排名均相对靠后。因此，在新发展格局下，对于长三角城市群营商环境的优化路径，我们提出以下几方面政策建议：第一，以长江三角洲区域一体化发展战略为契机，大力推进长三角各省市经济社会一体化发展，以城市群合力补齐短板，带动后发地区营商环境优化；第二，重点关注区域内企业的生产经营成本，着力降低企业用电、用地和融资等各方面成本；第三，在保持地区对投资和人才的吸引力的同时，也要着力关注开放包容的人文环境的建设，关注城市劳动者尤其是大量外来务工人员等弱势群体的民生诉求；第四，完善中小企业发展支持政策，切实解决中小企业和小微企业发展瓶颈，着力改善其"融资难、融资贵"的问题。

（2）长江中游城市群。从表7.11关于长江经济带各城市群排序以及前文表7.3~表7.6对内循环和外循环营商环境的分项比较可以发现，对于湖北、湖南和江西三省组成的长江中游城市群来说，一方面，这三省份在市场环境、政务环境、法律政策环境和人文环境等内循环营商环境以及要素市场化、贸易自由化、投资便利化和区域创新力等外循环营商环境方面与长三角城市群尚存在明显差距，也弱于成渝城市群，尤其是在法律政策环境、贸易自由化等方面尚存在较大改进空间；同时，长江中游城市群中的湖北省的营商环境整体上优于其他两省，城市群内部也存在发展的不平衡。因此，对于长江中游城市群双循环营商环境的优化路径，我们认为可以从以下方面入手：第一，加强湖北省与其他两省的经济联系，率先实现城市群产业、人才、公共服务等领域协同发展，以期在短期内实现城市群营商环境关键领域的突破；第二，着力推动政务环境和法治环境优化，打造高效便利的标准化政务环境和公平公正规范的法治环境，提升政府服务效率，打造服务型政府；第三，充分发挥长江中游城市群交通枢纽等优势，加强对内和对外合作，改善贸易环境，促进长江中游城市群贸易自由化水平的提升。

（3）成渝城市群。从表7.11的城市群排序以及前文表7.3~表7.6对各省市内循环和外循环营商环境的得分和排序进行的分项比较可以看出，由重庆市和四川省组成的成渝城市群在内循环和外循环营商环境方面与长三角城市群尚存在一定差距，但整体上优于长江中游城市群等其他省市；同时，成渝城市群在政务环境、人文环境和投资便利化等方面存在比较明显的改进空间。对于成渝城市群来说，未来营商环境的优化建议从以下方面入手：第一，以成渝地区双城经济圈协同发展为契机，多措并举、综合施策，充分发挥政策优势，全面优化成渝城市群营商环境，助力经济高质量发展；第二，紧抓政府改革这一优化营商环境的主体，持续推进"放管服"改革，进一步深化行政审批制度改革，推进简政放权，打造数字化服务型政府；第三，充分发挥成渝地区的文化、政策和投资成本优势，以高品质宜居生活地建设为契机，优化区域人文环境，促进成渝城市群营商环境的品质跨越；第四，坚持以企业满意度为导向，着力推动解决企业生产经营中面临的堵点、难点、痛点，强化顶层设计，简化行政审批，提升成渝城市群投资便利化水平。

（4）黔滇城市群。从表7.11的城市群排序以及前文表7.3~表7.6对内循环和外循环营商环境的得分和排序的比较可以发现，整体而言，贵州和云南两个长江上游省份在内循环和外循环营商环境方面与长三角城市群、成渝城市群和长江中游城市群尚存在较大的差距,在营商环境各分项指标上也处于比较靠后的位置,因此,对于贵州和云南两个省份的营商环境优化,我们认为以下方面可以作为重要的突破口:第一,解放思想,转变观念,加强与上海、江苏、浙江等长三角发达地区以及临近的成渝城市群城市的合作交流,取长补短,学习先进经验;第二,充分发挥地区生态环境和生活成本等方面优势,持续打造开放包容的人文环境;第三,积极融入"一带一路",加强与沿线国家的贸易合作和技术交流,促进外循环国际化营商环境的改善。

第 8 章

新时代长江经济带治理探微：以国家治理现代化推动高质量发展

流域在国家或地区发展中发挥着重要的支撑作用，是国家治理施加作用的重要空间场域。借助马克思主义政治经济学，能够把握国家治理何以推动流域发展的理论机制，从而为新时代长江经济带流域治理与高质量发展研究提供重要的学理支撑。基于国家治理视域可知，正是由于党的领导作用弱化、宏观微观互动不足、三方力量协调不畅，使得新时代长江经济带发展的问题域凸显。因此，应加强党对长江经济带建设的集中统一领导，构建宏观调节与微观引导良性互动格局，促进"党政—市场—社会"三方力量有机结合，不断实现党的坚强领导、宏微良性互动、三方协同共治，以国家治理现代化推动长江经济带高质量发展。

经过多年的发展，长江经济带已发展成为中国综合实力最强、战略支撑作用最大的区域之一，并将成为"引领我国经济高质量发展的生力军"[①]。高质量发展的内在动力是全面深化改革，而全面深化改革的总目标是完善和发展中国特色社会主义制度、推进国家治理体系和治理能力现代化。因此，作为中国最具代表性的流域经济，长江经济带高质量发展离

---

① 习近平. 在深入推动长江经济带发展座谈会上的讲话 [N]. 人民日报，2018-06-14 (02).

不开国家治理的制度赋能。随着长江经济带建设的不断深入,如何以国家治理现代化推动流域高质量发展,已经成为中国特色社会主义流域经济研究亟待解决的重要命题。在此背景下,本章旨在借助马克思主义政治经济学,对国家治理何以推动流域发展进行理论解读,进而从国家治理的视角切入长江经济带现实问题域,并探讨以国家治理现代化推动长江经济带高质量发展的基本路径与具体对策。

8.1 国家治理何以推动流域发展:一个马克思主义政治经济学的理论解读

马克思有着丰富的国家治理思想,不仅展现在对资本主义国家社会现象的分析中,而且还集中体现在对无产阶级专政思想的阐述中[1]。在马克思主义政治经济学视域下,国家治理应被置入生产力、生产关系、经济基础和上层建筑所组成的有机整体和制度体系中考量,良好的国家治理就是确保生产关系不断适应生产力发展、上层建筑不断适应经济基础的内在要求[2]。同时,作为特殊形态的区域经济复合系统,流域在国家或地区发展中发挥着重要的支撑作用,也必然成为国家治理施加作用的重要空间场域。借助马克思主义政治经济学视域,我们能够把握国家治理何以推动流域发展的理论机制,从而为新时代长江经济带流域治理与高质量发展研究提供重要的学理支撑。

8.1.1 以国家治理推动流域发展的核心保障:党的领导

在马克思看来,"政治统治到处都是以执行某种社会职能为基础,而

---

[1] 梁宇. 马克思的国家治理思想探析 [J]. 哲学研究,2015 (5):31-35.
[2] 周文,何雨晴. 国家治理现代化的政治经济学逻辑 [J]. 财经问题研究,2020 (4):12-19.

且政治统治只有在它执行了它的这种社会职能时才能持续下去。"① 但是，国家治理并不等同于单一的政治统治或社会管理，更强调国家政权的所有者、管理者和利益相关者等多元行动者在一个国家的范围内，对社会公共事务的合作管理②。在社会主义制度下，党的领导是国家治理体系中确保国家结构形式稳定、维护中央与地方关系协调必不可少的制度环节③。也正因如此，习近平同志指出，国家治理体系是在党领导下管理国家的制度体系④，并强调，"必须坚持党政军民学、东西南北中，党是领导一切的，坚决维护党中央权威，健全总揽全局、协调各方的党的领导制度体系，把党的领导落实到国家治理各领域各方面各环节。"⑤ 作为"各领域各方面各环节"的具体内容，流域是国家治理施加影响的重要对象。坚持全流域一盘棋，调动流域内部各方面积极性，都要求发挥好我国国家制度和国家治理体系的优越性，特别是坚持党的集中统一领导的显著优势。

而且，流域是特殊形态的区域经济复合系统，所覆盖地域之间的自然条件、发展程度以及利益诉求都存在不同程度的差异，使得各层次利益关系纷繁复杂。强化流域内部共同利益，构建流域利益关系均衡格局，都要求坚持党对流域经济工作的集中统一领导。我们知道，政党是具有共同利益的特定阶级或阶层的代表，为实现共同理想和目标而结成的具有明确纲领和章程、比较健全的组织机构以及一定群众基础的现代政治团体⑥。从政党的定义来看，维护一定的共同利益是政党的一般属性。更重要的是，中国共产党作为无产阶级政党，"没有任何同整个无产阶级的利益不同的利益"⑦，在处理维护共同利益时坚持"党除了工人阶级和最广大人民群

---

① 马克思恩格斯文集（第1卷）[M]. 北京：人民出版社，2009：187.
② 何增科. 国家治理及其现代化探微 [J]. 国家行政学院学报，2014（4）：11-14.
③ 周叶中，庞远福. 论党领导法治中国建设的必然性与必要性 [J]. 法制与社会发展，2016，22（1）：30-47.
④ 习近平. 习近平谈治国理政 [M]. 北京：外文出版社，2014：91.
⑤ 中共中央关于坚持和完善中国特色社会主义制度 推进国家治理体系和治理能力现代化若干重大问题的决定 [N]. 人民日报，2019-11-06（01）.
⑥ 李建华. 政党伦理之思 [N]. 人民日报，2016-01-15（07）.
⑦ 马克思恩格斯选集（第1卷）[M]. 北京：人民出版社，1995：285.

众的利益，没有自己特殊的利益"①。因此，在以国家治理推动流域发展的进程中，党的领导能够产生巨大的凝聚力，推动流域治理体系各组成要素的系统集成、协同高效。可以说，党的领导成为构建流域内部利益关系均衡格局的核心稳定器，是实现以良治善治推动流域发展的最重要保障。

8.1.2　以国家治理推动流域发展的两个层面：宏观调节与微观引导

在马克思看来，国家体现了这样的一种调节职能，即"应当缓和冲突，把冲突保持在'秩序'的范围以内"②。结合流域发展史可知，国家在宏观层面的调节一旦缺位，必将导致流域水患有余、水利不足。恩格斯在《反杜林论》中就专门指出，"不管在波斯和印度兴起或衰落的专制政府有多少，每一个专制政府都十分清楚地知道它们首先是河谷灌溉的总管，在那里，没有灌溉就不可能有农业。"③ 从深层次看，这类对流域经济的宏观调节恰恰体现了"国家权力对于经济发展的反作用"。按照恩格斯的分析，此种反作用又具体呈现出三种情形："它可以沿着同一方向起作用，在这种情况下就会发展得比较快；它可以沿着相反方向起作用，在这种情况下，像现在每个大民族的情况那样，它经过一定的时期都要崩溃；或者是它可以阻止经济发展沿着既定的方向走，而给它规定另外的方向——这种情况归根到底还是归结为前两种情况中的一种。"④ 显然，在社会主义制度下，国家治理对流域发展的宏观调节，也必须做到紧扣流域经济发展需要，以发挥两种情形的积极反作用，即在稳定发展期呈现出同方向促进，或在变革时期呈现出适度优化调整。

同时，马克思曾对此进行过深刻阐述，即"随着分工的发展也产生了

---

①　中国共产党章程［N］．人民日报，2017-10-29（01）．
②　马克思恩格斯选集（第4卷）［M］．北京：人民出版社，1995：170．
③　马克思恩格斯全集（第26卷）［M］．北京：人民出版社，2014：188．
④　马克思恩格斯选集（第4卷）［M］．北京：人民出版社，1995：701．

单个人的利益或单个家庭的利益与所有互相交往的个人的共同利益之间的矛盾"[1]。对于流域经济而言，流域分工使得流域内部特殊利益与共同利益之间的矛盾生成，并在一定条件下导致流域内部微观利益主体之间利益分化。在社会主义初级阶段，流域的生产力发展状况决定了对物的依赖关系和非自愿分工依旧存在，使得特殊利益与共同利益之间的矛盾仍然客观存在于流域发展中。受到这一矛盾的支配，流域内部各微观利益主体不断构建，形成层级式的网络分布结构，呈现出动态演进的利益关系格局。在此背景下，国家治理的微观引导，就是要充分兼顾各微观利益主体的利益诉求，牵引各方有序参与流域建设。显然，微观引导是否合理，直接影响到国家治理的实际效果。具体而言，一方面，微观引导不力将导致宏观调节政策难以在流域微观层面得到充分贯彻，使得宏观调节失灵或信号失真，造成流域发展中的国家治理低效率甚至负效率；另一方面，微观引导得当将使得流域内部微观利益主体对宏观调节信号作出正确和灵敏的反应，甚至激发微观利益主体发挥能动性，开展一系列针对性的基层探索，进而提升国家治理效果。

8.1.3 以国家治理推动流域发展的三方力量：党政、市场、社会

国家治理是一项复杂的系统工程，主要涵括党政治理、市场治理、社会治理[2]。因此，以国家治理促进流域发展的力量源泉主要来自党政、市场和社会。具体而言：

（1）党政治理。在马克思主义看来，政党和政府都属于矗立在一定经

---

[1] 马克思恩格斯选集（第1卷）[M]．北京：人民出版社，1995：84．
[2] 目前国内学界普遍将国家治理体系划分为政府治理、市场治理、社会治理，如参见俞可平．推进国家治理体系和治理能力现代化［J］．前线，2014（1）：5-8，13。本书认为，在中国特色社会主义制度下，对市场以及社会施加调节引导的，既有政府力量，又有政党力量，这种党政分工协作是显著优势所在。因此，"党政治理"概念涵括了政党力量和政府力量，相较"政府治理"这一概念而言，更为全面和贴切。

济基础之上的上层建筑。在社会主义制度下,党是"一个自觉的阶级政党"①,不是社会的公共权威,这与国家政权不同②。因此,在以国家治理促进流域发展中发挥好党政力量,要求正确处理党政之间的关系,既不能党政不分,又不能党政割裂,而是科学划分彼此职能,不断优化党政分工。

(2) 市场治理。列宁曾指出,"哪里有社会分工和商品生产,那里就有'市场'。"③ 基于马克思主义视角审视流域发展中的市场治理,既要肯定市场力量在流域发展中能够发挥资源配置的决定性作用,又要看到价值规律作用在流域发展中的局限性以及由此导致的市场治理缺陷。

(3) 社会治理。在社会主义制度下,社会治理主要贯穿了马克思主义的群众观点和党的群众路线。社会管理与社会自治是社会治理的两种基本形式,是一体之两翼④。以社会治理支撑流域发展,要求实现流域内部社会管理与社会自治的有机结合,以对党政治理和市场治理进行必要补充。

同时,在以国家治理促进流域发展的过程中,应充分实现党政治理、市场治理、社会治理的功能叠合和动态联动,协同实现流域共同利益最大化的"良治善治"目标,以之有效应对流域经济发展中的各种治理难题。党政治理、市场治理、社会治理之间的协同不足,必然导致国家治理的结构性问题生成,使得治理越位、治理缺位和治理错位的现象出现,也就必然削弱国家治理对流域发展的助推力。显然,通过党政治理、市场治理、社会治理三方力量的有效协同,形成以国家治理推动流域发展的最强合力,能够更好实现党政有为、市场有效、社会有序。这种情形的达致,不仅需要在推动流域发展中秉持民主协商、共同治理的理念,更需要在深化对流域发展规律认识的基础上,厘清流域发展中党政治理、市场治理、社会治理之间的范围和界限,以权责利的有机统一为肯綮,不断优化治理关

---

① 马克思恩格斯选集(第4卷)[M]. 北京:人民出版社,1995:685.
② 王沪宁. 政治的逻辑——马克思主义政治学原理[M]. 上海:上海人民出版社,2016:387.
③ 列宁全集(第1卷)[M]. 北京:人民出版社,2013:79.
④ 俞可平. 更加重视社会自治[J]. 人民论坛,2011 (6):8-9.

系，促进彼此协同合作，构建形成三方协同共治的良性格局。

8.2 长江经济带发展中的机制体制问题：基于国家治理的视角

基于国家治理的视角可以发现，在以国家治理推动流域发展的进程中，正是由于党的领导作用弱化、宏观微观互动不足、三方力量协调不畅，使得新时代长江经济带发展中的机制体制问题凸显。

8.2.1 国家治理中党的领导作用弱化

长江经济带覆盖的区域广阔，涉及的利益主体众多，必须依靠党的领导协同各方、凝聚共识，以之强化长江经济带发展中的共同利益。新中国成立以来，中国共产党始终高度重视长江流域的治理与发展。新中国成立之初，由于长江流域洪水肆虐，严重威胁沿江居民生命财产安全，党中央先后开建荆江分洪工程（1952年启动）、丹江口水利枢纽工程（1958年启动）以及葛洲坝水利枢纽工程（1971年启动）等一系列大型水利工程。也正是依靠党的坚强领导，这些大型水利工程才能克服物质条件匮乏等困难，迅速启动并有效推进，为长江流域经济社会发展提供了极为重要的基础支撑。以荆江分洪工程为例，党中央不仅在当时财政困难的情况下投入建设资金7150亿元（旧币），而且直接抽调解放军4个工程师约6万余人参与建设，并号召全国各地大力驰援。百万军民在党的引领下协力奋战，仅仅用了两个半月就胜利完工。在随即而来的1954年的特大洪水中，荆江分洪工程发挥了分洪分流作用，有效增强了长江中下游防洪能力。[①]

[①] 魏明生. 中国共产党五十年来治理开发长江流域的历史进程和主要成就[J]. 中共党史研究, 2000 (2)：21-27.

改革开放以后，党在长江流域治理工作中始终发挥着重要的引领作用，推动长江流域取得了长足发展，为长江经济带建设奠定了重要基础。但是，随着改革开放的不断深入，部分干部群众对于长江流域科学治理与合理开发的思想认识问题呈现出来。这种思想认识问题所造成的不良影响，在当前长江经济带建设中主要表现为两个方面：一方面，片面理解甚至曲解各级党政分工关系，在推动长江经济带发展中过分强调行政权力，从而造成对党的看齐意识不足，忽视党的领导作用；另一方面，在融入长江经济带建设过程中，沿江省市的全局意识不足，从全局角度谋求自身发展不够，难以做到全流域"一盘棋"。这两个方面，都使得党的领导的巨大凝聚力未能充分发挥，阻碍了长江经济带流域治理体系各组成要素的系统集成。在此情况下，党的领导在构建流域内部利益关系均衡格局中应体现出的核心稳定器功能被削弱，导致长江经济带内部滋生出一系列特殊利益导向的短视行为，使得长江经济带发展的共同利益受到抑制。

8.2.2　国家治理中宏观微观互动不够

新中国成立以来，根据不同时期的长江流域治理开发情况，国家都进行了针对性的宏观调节。特别是改革开放以来，一系列的宏观调节以各类规划、指导意见等方式为载体，得以具体实施（见表8.1）。1990年编制完成的《长江流域综合利用规划简要报告》，提出当时长江流域发展应重点解决防洪、航运、灌溉、引水、水资源保护和综合利用等六个方面问题。2012年编制完成的《长江流域综合规划（2012—2030年）》，指出在处理好发展与治理中各类关系的基础上，推动完善流域防洪减灾、水资源综合利用、水资源与水生态环境保护、流域综合管理体系等方面建设①。

---

① 吴传清，陆璇，董旭. 长江流域地区发展规划的演变与趋势［J］. 湖北经济学院学报，2014，12（4）：53-58.

在此基础上，国务院于2014年发布《关于依托黄金水道推动长江经济带发展的指导意见》，随后于2016年正式出台《长江经济带发展规划纲要》，不仅勾画了长江经济带"一轴、两翼、三极、多点"的空间格局，而且在宏观上确立了长江经济带的发展定位和建设目标，要求将长江经济带建设成为生态文明建设的先行示范带、引领全国转型发展的创新驱动带、具有全球影响力的内河经济带、东中西互动合作的协调发展带。可以说，国家对长江流域发展的宏观调节，体现了国家治理对于流域发展的良性反作用，不仅呈现出同方向促进，而且在新的历史关口呈现出适度优化调整。

表8.1　　　　新中国成立以来长江流域地区总体发展规划

年份	规划名称
1959	《长江流域综合利用规划要点报告》
1987	《全国国土总体规划纲要（试行）》
1990	《长江流域综合利用规划简要报告》
2012	《长江流域综合规划（2012—2030年）》
2014	《关于依托黄金水道推动长江经济带发展的指导意见》
2016	《长江经济带发展规划纲要》

资料来源：吴传清，陆璇，董旭. 长江流域地区发展规划的演变与趋势［J］. 湖北经济学院学报，2014，12（4）：53-58，以及国务院网站有关资料。

社会发展的实践证明，保证国家治理效果，不仅需要宏观调节的作用发挥，而且需要微观引导与之形成良性互动。这就要求长江经济带内部各微观利益主体对宏观调节信号作出正确和灵敏的反应，以之呼应宏观调节。然而，结合长江经济带现状来看，宏观调节政策难以在微观层面得到有效贯彻，微观引导不力问题十分突出。在此情况下，宏观调节失灵或信号失真时有发生，宏微良性互动未能充分实现，引致出诸多问题。比如，国家在宏观层面始终强调生态环境的重要性，并不断施加针对性的调节措施。但是，不少微观利益主体长期以来对这些宏观调节未给予足够重视和呼应，使得流域生态环境保护和治理效果不佳。再比如，针对沿江各省市之间的协调发展，国家在宏观层面已经连续出台促进协调发展的一系列指示，但是微观引导不力使得"区域合作虚多实少，城市群缺乏协同，带动力不足"①，阻碍了长江经济带协调发展。

8.2.3 国家治理中三方力量协调不畅

改革开放之前，在高度集中的计划经济体制下，国家治理的动力源高度依靠党政力量。在当时的背景下，长江流域发展的多元化协同共治格局难以形成。随着改革开放的不断深入，社会主义市场经济体制得以建立并不断完善。在此过程中，一方面"使市场在资源配置中起决定性作用"②，另一方面"完善党委领导、政府负责、社会协同、公众参与、法治保障的社会治理体制"③，从而推动市场力量与社会力量不断壮大起来。随着党政力量引领市场力量与社会力量深入参与到流域经济发展中，长江经济带已经初步构建形成党政治理、市场治理、社会治理的多元化治理格局。可以肯定的是，三方力量的共同参与，使得国家治理对长江经济带发展施加了更为全面的影响。但是，在以国家治理推动长江经济带发展的过程中，党政治理、市场治理、社会治理的协同不足，造成当前治理现状离"党政有为、市场有效、社会有序"的三方协同共治格局仍然存在很大距离。

具体而言，在当前长江经济带建设中，党政治理、市场治理、社会治理三方力量之间的功能叠合和动态联动仍然不够，各自范围、界限以及权责利关系未能充分厘清，导致多元治理的协调不畅。在此情况下，治理结构趋向片面依靠某一方面的力量，而忽视或淡化其他力量的有效支撑。以

---

① 习近平. 在深入推动长江经济带发展座谈会上的讲话［N］. 人民日报, 2018-06-14(02).

② 习近平. 决胜全面建成小康社会夺取新时代中国特色社会主义伟大胜利——在中国共产党第十九次全国代表大会上的报告［R］. 北京：人民出版社, 2017：21.

③ 习近平. 决胜全面建成小康社会夺取新时代中国特色社会主义伟大胜利——在中国共产党第十九次全国代表大会上的报告［R］. 北京：人民出版社, 2017：49.

加剧流域生态环境风险的"化工围江"为例,2018年长江经济带沿江集聚化工企业40万家,上游废弃尾矿库200余座。同时,30%的环境风险企业位于饮用水源地5公里以内,干线港口危险化学品年吞吐量高达1.7亿吨。[①] 这正是各地区片面依靠市场力量,争相引进并扶持能够带来高产值、高税收的化工企业而造成的不利局面。由此引致的恶性竞争、重复建设以及生态环境风险问题,又都不是单凭市场治理就能得以消解的。再比如,近年来,长江经济带航运效率不高、各种交通运输方式衔接特别是铁水衔接协调不畅、跨区域基础设施互联互通不足亟待加强等短板突出[②]。交通基础设施供给是长江经济带内部交往和协调发展的基础,带有鲜明的公共产品属性。对市场力量在交通基础设施供给方面的局限性认识不足,以及党政力量和社会力量的补位不足,正是此类短板形成的重要原因。

8.3 以国家治理现代化助推长江经济带高质量发展:基本路径、前提保障与具体方略

邓小平同志曾深刻指出,"领导制度、组织制度问题更带有根本性、全局性、稳定性和长期性"[③],并同时强调,"恐怕再有三十年的时间,我们才会在各方面形成一整套更加成熟、更加定型的制度。"[④] 2013年,党的十八届三中全会专门提出,"全面深化改革的总目标是完善和发展中国特色社会主义制度,推进国家治理体系和治理能力现代化。"[⑤] 2019年,

---

① 习近平. 在深入推动长江经济带发展座谈会上的讲话[N]. 人民日报, 2018-06-14(02).

② 易淼. 流域分工视角下长江经济带高质量发展初探——一个马克思主义政治经济学的解读[J]. 经济学家, 2019(7): 51-59.

③ 邓小平文选(第二卷)[M]. 北京: 人民出版社, 1994: 333.

④ 邓小平文选(第三卷)[M]. 北京: 人民出版社, 1993: 372.

⑤ 中国共产党第十八届中央委员会第三次全体会议文件汇编[M]. 北京: 人民出版社, 2013: 119.

党的十九届四中全会审议通过了《中共中央关于坚持和完善中国特色社会主义制度、推进国家治理体系和治理能力现代化若干重大问题的决定》。在新时代长江经济带建设中，国家治理现代化能够有效回应长江经济带发展的现实问题域，更好释放出来自上层建筑的积极反作用，为长江经济带高质量发展提供重要推助力。

8.3.1 基本路径

准确把握以国家治理现代化推动长江经济带高质量发展的基本路径，需要借助矛盾分析法，以之抓住问题背后的主要矛盾和矛盾的主要方面。毛泽东同志在《矛盾论》中深刻指出，"事物的矛盾法则，即对立统一的法则，是唯物辩证法的最根本的法则"，"矛盾存在于一切事物的发展过程中"，"每一事物的发展过程中存在着自始至终的矛盾运动"。[1] 围绕长江经济带建设，习近平同志专门强调，"正确把握整体推进和重点突破的关系"，"在整体推进的基础上抓主要矛盾和矛盾的主要方面"。[2] 结合前文分析，国家治理不足主要表现为党的领导作用弱化、宏观微观互动不够、三方力量协调不畅，使得长江经济带发展中的问题域凸显。可以发现，这里涵括了国家治理视域下长江经济带建设面临的两重矛盾关系：一是对于长江经济带建设而言，国家治理与流域发展之间的矛盾关系；二是对于国家治理而言，党的领导、宏微互动、三方协调等三个维度各自内部的矛盾关系。显然，第二重矛盾关系是次一级的，以第一重矛盾关系为基础。

基于以上的第一重矛盾关系，即长江经济带建设中国家治理与流域发展之间的矛盾关系可知，当前长江经济带建设所面临的主要矛盾是国家治理不足与流域高质量发展需要之间的矛盾。在这一组主要矛盾中，国家治

---

[1] 毛泽东选集（第一卷）[M]．北京：人民出版社，1991：305．
[2] 习近平．在深入推动长江经济带发展座谈会上的讲话[N]．人民日报，2018-06-14(02)．

理不足是矛盾的主要方面①。与此同时，基于次一级的第二重矛盾关系，即党的领导、宏微互动、三方协调等三个维度各自内部矛盾关系可知，每个维度都存在各自的主要矛盾以及矛盾的主要方面。其一，党的领导作用弱化，体现的主要矛盾是长江经济带建设中的中央与地方关系这组矛盾，矛盾的主要方面则在于沿江省市各级党委、政府思想认识和决策执行不到位；其二，宏观微观互动不够，体现的主要矛盾是长江经济带建设中的宏观调节与微观引导这组矛盾，矛盾的主要方面则在于长江经济带内部的微观引导不力；其三，三方力量协调不畅，体现的主要矛盾是长江经济带建设中的党政力量、市场力量和社会力量这组矛盾，矛盾的主要方面则在于长江经济带建设的部分领域片面依靠市场力量。

  确立以国家治理现代化推动长江经济带高质量发展的基本路径，需要紧扣两重矛盾关系分析，抓住主要矛盾以及矛盾的主要方面，在整体推进中实现重点突破。具体而言，长江经济带高质量发展，要求着力破解当前人的层面问题、自然层面问题以及经济社会层面问题，在更高层次上实现人与人之间、人与自然之间的协调统一。这就要求抓住国家治理不足这一主要矛盾的主要方面，推动国家治理现代化。而且，国家治理现代化必将涉及党的领导、宏微互动、三方协调等三个维度，因此又必须抓住各个维度主要矛盾的主要方面，处理好党的领导作用弱化、宏观微观互动不够、三方力量协调不畅等问题，实现党的坚强领导、宏微良性互动、三方协同共治。由上可知，以国家治理现代化推动长江经济带高质量发展的基本路径得以呈现，即：在党的领导、宏微互动、三方协调下，处理好长江经济带建设中的国家治理不足问题，不断构建党的坚强领导、宏微良性互动、

---

① 毛泽东同志在《矛盾论》中专门批判过这样的观点，即"经济基础和上层建筑的矛盾，经济基础是主要的：它们的地位并不互相转化"，指出这种观点"是机械唯物论的见解，不是辩证唯物论的见解"。而且，毛泽东同志还进一步指出，"生产关系、理论、上层建筑这些方面，在一定条件之下，又转过来表现其为主要的决定的作用，这也是必须承认的"［毛泽东选集（第1卷），北京：人民出版社，1991：325］。因此，本书认为，结合当前背景，对于长江经济带建设中国家治理不足与流域高质量发展需要之间的矛盾而言，国家治理不足虽然涉及的是上层建筑领域，但是已经成为矛盾的主要方面，表现出"主要的决定的作用"。

三方协同共治的国家治理现代化新格局，更好释放来自上层建筑的积极反作用，以之全面推动长江经济带高质量发展。

8.3.2 前提保障

8.3.2.1 长江经济带高质量发展的重要前提：以国家治理现代化，更好发挥自然条件差异性对流域分工的基础功能

长江经济带内部各地域的资源禀赋、区位禀赋等自然条件差异性，构成了流域分工形成的自然基础。随着技术创新不断弱化自然条件禀赋的限定作用，长江经济带内部现有流域分工体系存在着超越自然条件差异性的倾向。但是，对于长江经济带内部各地域而言，全然不顾自然条件差异性，不讲因地制宜的原则，必然扭曲自身在流域分工体系的定位，也必然导致盲目跟风、一哄而上的失序局面产生。比如，一些地区不顾自身自然禀赋和生态环境承载力，极力扶植缺乏基础和支撑的相关产业和项目，导致发展后继乏力甚至生态环境破坏；再比如，一些地区发展港口经济，竞相通过政府高补贴来弥补区位短板，采用不可持续的方式来扩大辐射范围，不仅引发各港口之间的"补贴战"，而且导致企业"舍近求远"异地出港等怪象频发，造成资源错配和效率低下。这些忽视流域分工基础、违背流域分工规律的做法，必然使得长江经济带内部流域分工体系陷入失序状态。

因此，新时代长江经济带高质量发展的重要前提，就是要以国家治理现代化，更好发挥自然条件差异性对流域分工的基础功能。通过推动国家治理现代化，更好地将各地域放在长江经济带建设"一盘棋"中推进差异化协同发展，不仅要结合各地域经济发展水平差异，而且要充分考量各地域资源禀赋、区位条件等自然条件差异。具体而言，长江经济带各地域要积极探索路径方法，因地制宜推进分工定位的自我校准，充分利用好各地自然条件的"绿水青山"，并将其转化成实现新供给、满足新需求的"金山银山"，以之形成新时代高质量发展的新增长点。同时，要准确把握各

地域资源环境承载能力和国土空间开发适宜性的具体情况，牢牢坚持长江经济带生态保护红线、永久基本农田、城镇开发边界三条控制线的"底线思维"，既不能固守现有分工格局而停滞不前，又不能盲目冒进而加重分工无序状态，而是要结合各地域自身自然条件进行分工调整，积极参与长江经济带流域分工秩序重塑。在此基础上，以"点"的地域分工定位校准来推动"面"的流域分工体系优化，从而支撑长江经济带高质量发展。

8.3.2.2 长江经济带高质量发展的重要保障：以国家治理现代化，发挥交通基础设施新供给对流域分工的促进作用

人口聚集和交通条件是提升流域内部交往程度和促进流域分工的重要因素。从短期来看，一个地区的人口聚集难以发生显著变化。因此，对于长江经济带而言，内部流域分工演进与自身高质量发展都应从交通条件方面获取助推力。毋庸置疑的是，近年来长江经济带交通基础设施建设成效显著，运输能力大幅增强，并且已经初步形成了水路、铁路、公路、民航、管道等多种运输方式协同发展的综合交通网络。但是与此同时，长江经济带现有交通基础设施供给的数量和质量，仍然难以为长江经济带高质量发展提供足够的保障。以当前严重制约长江航运的三峡船闸梗阻问题为例，这一问题充分暴露了长江经济带航运效率不高、各种交通运输方式衔接特别是铁水衔接协调不畅、跨区域基础设施互联互通亟待加强等问题。另外，长江经济带交通基础设施供给还存在着高等级航道比重较低、城际城乡交通网络功能较弱等短板。

正如法国新马克思主义学者亨利·列斐伏尔所说的，"对交通工具、建筑、道路和公路的消费"，已经是现代社会的"一种名副其实的空间的生产性消费"。[①] 长江经济带交通基础设施供给的数量和质量不足，引致出流通不畅、成本偏高等问题。因此，要通过国家治理现代化，扎实推进横贯东西、沟通南北、通江达海、便捷高效的长江经济带综合立体交通走廊建设，并积极运用交通运输新技术变革带来的"新的生产力"，提升流

---

① 亨利·列斐伏尔. 空间与政治 [M]. 李春译. 上海：上海人民出版社，2015：105.

域内部"交往的发展程度",以之推进长江经济带现代化交通运输体系建设。具体而言,要提升长江黄金水道的航运效率,加快铁路水路有效连接的联运系统建设,有效破解航道梗阻问题;要统筹推进长江流域支流高等级航道建设,提升高等级航道比重,并逐步形成高级别航道网络体系;要加快城际之间铁路公路建设,继续推进乡村通畅工程,进一步提升长江经济带城际城乡交通网络功能。在此基础上,以现代化交通运输体系建设支撑长江经济带现代化分工体系建设,以交通基础设施新供给促进流域分工良性演进,从而为长江经济带高质量发展提供重要保障。

8.3.3 具体方略

结合基本路径可知,破解当前长江经济带发展中的不平衡不充分问题,推动新时代长江经济带高质量发展,离不开国家治理现代化的制度赋能。习近平同志深刻指出,"治好'长江病',要科学运用中医整体观,追根溯源、诊断病因、找准病根、分类施策、系统治疗。"[1] 因此,要从党的领导、宏微互动、三方协调等三个维度出发,整体把脉,分类策应,系统构建党的坚强领导、宏微良性互动、三方协同共治的国家治理现代化新格局,以国家治理现代化推动长江经济带高质量发展。

8.3.3.1 党的坚强领导:加强党对长江经济带建设的集中统一领导

习近平同志在指导长江经济带发展时专门强调,要加强组织领导,"各级党委和政府领导同志特别是党政一把手要增强'四个意识',落实领导责任制,决不允许搞上有政策、下有对策,更不能搞选择性执行。"[2] 在党的领导维度方面,要加强党对长江经济带建设的集中统一领导,特别是紧扣沿江省市各级党委、政府思想认识和决策执行不到位问题,积极促进流域治理体系各组成要素的系统集成,不断凝聚长江经济带发展的共同

---

[1][2] 习近平. 在深入推动长江经济带发展座谈会上的讲话[N]. 人民日报,2018-06-14(02).

利益，以实现流域利益关系均衡。具体而言：

首先，要充分发挥党中央在长江经济带建设工作中的政治、思想领导作用。党的十九届四中全会强调，"自觉在思想上政治上行动上同以习近平同志为核心的党中央保持高度一致"，"确保令行禁止"。[①] 要进一步加强长江经济带沿江省市党的政治建设和思想建设，促使各级领导干部深入学习、提升认识，自觉补齐思想认识短板，积极贯彻落实中央关于长江经济带的发展理念和发展愿景。

其次，要充分激发长江经济带沿江省市在长江经济带建设工作中的能动作用。要完善以生态环境、产业协同、流域基础设施建设等为主要指标构成的新型考评体系，校准各级党委、政府的利益导向、建设思路和发展目标，切实做到自上而下的政令畅通。在此基础上，激励沿江省市共同促进流域治理体系各组成要素的系统集成，不折不扣落实中央的战略部署。

最后，要充分发挥基层党组织的战斗堡垒与反向监督作用。"党的基层组织是确保党的路线方针政策和决策部署贯彻落实的基础"[②]，在长江经济带治理工作中应充分发挥一线治理主体的战斗堡垒作用。而且，基层党组织要更好发挥"自下而上"的反向监督作用，促进各级党委、政府思想认识和决策执行更到位，实现与中央两端对接，以之确保党的方针政策贯穿各级治理层。

8.3.3.2 宏微良性互动：构建宏观调节与微观引导良性互动格局

长江经济带高质量发展离不开宏观微观两个层面的合力支撑，要求构建形成宏观调节与微观引导良性互动格局。习近平同志强调，"要鼓励地方、基层、群众解放思想、积极探索"，"推动顶层设计和基层探索良性互动、有机结合"。[③] 构建宏观调节与微观引导良性互动格局，不仅要进一

---

① 中共中央关于坚持和完善中国特色社会主义制度　推进国家治理体系和治理能力现代化若干重大问题的决定［N］. 人民日报，2019 – 11 – 06（01）.

② 习近平. 决胜全面建成小康社会夺取新时代中国特色社会主义伟大胜利——在中国共产党第十九次全国代表大会上的报告［R］. 北京：人民出版社，2017：65.

③ 习近平主持召开中央全面深化改革领导小组第七次会议强调　鼓励基层群众解放思想积极探索　推动改革顶层设计和基层探索互动［N］. 人民日报，2014 – 12 – 3（05）.

步提升宏观调节的精度准度,而且要紧扣宏微互动维度主要矛盾的主要方面,实现积极有效的微观引导。具体而言:

首先,要基于微观利益主体的利益诉求差异,进一步提升宏观调节的精度准度。长江经济带各区域有着不同的禀赋条件和发展现状,进而催生出不同的利益诉求。因此,要杜绝"大水漫灌式"的宏观调控,精准施策,加强"滴灌式"的精细化区域政策供给。

其次,要提供更有弹性的治理环境和政策空间,调动微观利益主体参与治理的积极性和自觉性。特别是要因地制宜,引导微观利益主体围绕顶层设计积极开展差异化的地方探索,形成更多类似"河长制""湖长制"的长江经济带治理样本。这正如习近平同志所指出的,深化改革要"鼓励不同区域进行差别化试点"①。

最后,要进一步完善互动机制设计,为宏观微观良性互动提供制度支撑。习近平同志强调,"要落实中央统筹、省负总责、市县抓落实的管理体制"②。因此,在宏观层面,要加强对宏微互动机制的顶层设计,特别是针对全流域、跨区域的战略性事务,要进一步完善统筹协调机制和督促检查机制;在微观层面,要健全将宏观决策部署转化为具体实施方案的执行机制和管理机制,以之保障各项工作落地生根。

8.3.3.3 三方协同共治:促进"党政—市场—社会"三方力量有机结合

习近平同志指出,推动长江经济带发展不仅仅是沿江各地党委和政府的责任,也是全社会的共同事业,要加快形成全社会共同参与的共抓大保护、不搞大开发格局,更加有效地动员和凝聚各方面力量③。因此,面对党政治理、市场治理、社会治理三方力量协调不畅问题,应紧扣主要矛盾的主要方面,进一步优化三方力量之间的分工协作关系,以促进"党政—

---

① 习近平主持召开中央全面深化改革领导小组第七次会议强调 鼓励基层群众解放思想积极探索 推动改革顶层设计和基层探索互动[N].人民日报,2014-12-3(05).

②③ 习近平.在深入推动长江经济带发展座谈会上的讲话[N].人民日报,2018-06-14(02).

市场—社会"三方力量的有机结合,推动"党政有为、市场有效、社会有序"的三方协同共治格局形成。具体而言:

一方面,要以三方力量各自治理优势为基础,以权责利的有机统一为肯綮,推动党政治理、市场治理、社会治理进一步明确职能、落实分工。其中,党政治理要对市场治理和社会治理积极引领,积极扭转长江经济带发展中的特殊利益导向,以夯实维护共同利益的"压舱石";市场治理要明确自身治理范围、治理界限以及治理局限,努力在要素自由流动、产业布局调整、科技研发创新、区际利益补偿等方面实现新作为;社会治理要更好更快发展,进一步加强长江经济带建设中的社会管理与社会自治,将长江经济带社会治理推向专业化、精细化。

另一方面,要构建三方力量之间的新型协作关系,增强长江经济带建设中国家治理的协同性、联动性、整体性。要秉持民主协商、共同治理的理念,进一步健全长江经济带协同共治工作机制,实现党政治理、市场治理、社会治理的功能叠合和动态联动,促进三方力量的共建、共治、共享。同时,围绕主要矛盾的主要方面,党政治理不仅要以"放管服"改革为突破口,进一步激发长江经济带建设中市场与社会的治理活力,而且要与社会治理一起合力补位,共同弥补市场治理在长江经济带生态环境保护、基础设施建设等领域的局限性。

8.4 本章小结

长江经济带已经成为新时代中国经济发展的重心所在、活力所在。推动长江经济带发展是党中央作出的重大决策,是关系国家发展全局的重大战略,对实现"两个一百年"奋斗目标、实现中华民族伟大复兴的中国梦具有重要意义。经过多年建设,长江经济带已经取得了引人瞩目的发展成就。但是与此同时,长江经济带又面临着人的层面、自然层面以及经济社会层面的诸多问题。基于国家治理的视角可以发现,在以国家治理推动流域发展的过程中，正是由于党的领导作用弱化、宏观微观互动不够、三方力量协调不畅，使得新时代长江经济带发展的问题域凸显。破解这些问题，进而在更高层次上实现人与人之间、人与自然之间的协调统一，迫切要求以国家治理现代化推动长江经济带高质量发展。因此，在新时代，要加强党对长江经济带建设的集中统一领导，构建宏观调节与微观引导良性互动格局，促进"党政—市场—社会"三方力量有机结合，以推动国家治理现代化。只有在此基础上实现党的坚强领导、宏微良性互动、三方协同共治，才能获取国家治理现代化的内生动能，才能将长江经济带建设成为引领中国经济高质量发展的生力军。

参 考 文 献

[1] 艾思奇. 辩证唯物主义历史唯物主义 [M]. 北京：人民出版社，1978.

[2] 曹贤忠，曾刚，邹琳，刘刚. 基于面板数据的研发投入对区域经济增长影响分析 [J]. 长江流域资源与环境，2016，25（2）：208－218.

[3] 陈娟. 论共享发展与共同富裕的内在关系 [J]. 思想教育研究，2016（12）：34－38.

[4] 程培堽，周应恒，殷志扬，2009. FDI 对国内投资的挤出（入）效应：产业组织视角 [J]. 经济学（季刊）（4）：1527－1548.

[5] 崔宏凯，张林，王子健，王钦. 物流产业发展和区域经济增长的关联效应研究——基于长江经济带三大都市圈的面板数据 [J]. 经济问题，2021（3）：78－85.

[6] 邓向荣，曹红. 产业升级路径选择：遵循抑或偏离比较优势——基于产品空间结构的实证分析 [J]. 中国工业经济，2016（2）：52－67.

[7] 邓小平文选（第三卷）[M]. 北京：人民出版社，1993.

[8] 邓小平文选（第一卷）[M]. 北京：人民出版社，1994.

[9] 杜德林，王姣娥，焦敬娟. 长江经济带知识产权空间格局与区域经济发展耦合性研究 [J]. 长江流域资源与环境，2019，28（11）：2564－2573.

[10] 费尔南·布罗代尔. 15 至 18 世纪物质文明、经济和资本主义（第 3 卷）[M]. 施康强译. 北京：生活·读书·新知三联书店，2002.

[11] 冯德连，白一宏. 长江经济带对外直接投资的逆向技术溢出效

应与区域创新能力［J］. 安徽大学学报（哲学社会科学版），2021，45（1）：115-123.

［12］伏玉林，胡尊芳. 产品空间视角下制造业结构转变研究——以江浙沪为例［J］. 工业技术经济，2017，36（1）：3-9.

［13］傅为忠，李小娟. 长江经济带人才创新效率评价及空间特征研究——基于创新驱动视角［J］. 技术经济，2020，39（7）：89-98.

［14］葛李情，胡昊. 人才集聚、科技创新与经济增长［J］. 福建商学院学报，2019（5）：35-41.

［15］龚云. 论邓小平共同富裕理论［J］. 马克思主义研究，2012（1）：46-55.

［16］谷石玫，周丽梅. 技术进步与经济增长关系中的供给与需求［J］. 当代经济研究，2012（10）：85-88.

［17］郭然，原毅军. 生产性服务业集聚、制造业集聚与环境污染——基于省级面板数据的检验［J］. 经济科学，2019（1）：82-94.

［18］郭瑞萍. 新时代中国基本经济制度的发展与创新——立足马克思经济制度理论的视角［J］. 思想战线，2021，47（1）：43-51.

［19］国家发展和改革委员会. 中国营商环境评价报告2020［M］. 北京：中国地图出版社，2020.

［20］何风琴，邹奥博. 长江经济带的经济发展促进了区域科技创新吗？［J］. 江西社会科学，2019，39（1）：77-84.

［21］何增科. 国家治理及其现代化探微［J］. 国家行政学院学报，2014（4）：11-14.

［22］黑格尔. 历史哲学［M］. 王造时译. 北京：商务印书馆，1963.

［23］亨利·列斐伏尔. 空间与政治［M］. 李春译. 上海：上海人民出版社，2015.

［24］胡晨沛，章上峰. 基于时空异质弹性生产函数模型的区域全要素生产率再测度［J］. 统计与信息论坛，2019，34（6）：51-57.

［25］胡焕庸，张善余. 中国人口地理（上）［M］. 上海：华东师范

大学出版社，1984.

[26] 胡立和，商勇，王欢芳. 长江经济带技术创新效率评价及影响因素分析 [J]. 湖南社会科学，2020 (3)：87-93.

[27] 胡志强，苗健铭，苗长虹. 中国地市工业集聚与污染排放的空间特征及计量检验 [J]. 地理科学，2018 (2)：168-176.

[28] 蒋永穆，祝林林. 构建新发展格局：生成逻辑与主要路径 [J]. 兰州大学学报（社会科学版），2021，49 (1)：29-38.

[29] 靖学青. 长江经济带经济增长及其影响因素的实证分析 [J]. 南通大学学报（社会科学版），2015，31 (4)：1-8.

[30] 考德威尔. 考德威尔文学论文集 [M]. 陆建德，等译. 南昌：百花洲文艺出版社，1995.

[31] 柯善咨，赵曜. 产业结构、城市规模与中国城市生产率 [J]. 经济研究，2014，49 (4)：76-88，115.

[32] 李根. 长江经济带产业结构调整与经济增长关系研究——以湖北省为例 [J]. 湖北社会科学，2017 (12)：60-65.

[33] 李光龙，范贤贤. 财政支出、科技创新与经济高质量发展——基于长江经济带108个城市的实证检验 [J]. 上海经济研究，2019 (10)：46-60.

[34] 李建华. 政党伦理之思 [N]. 人民日报，2016-01-15 (07).

[35] 李琳，刘瑞. 创新要素流动对城市群协同创新的影响——基于长三角城市群与长江中游城市群的实证 [J]. 科技进步与对策，2020，37 (16)：56-63.

[36] 李培园，成长春，严翔. 科技人才流动与经济高质量发展互动关系研究——以长江经济带为例 [J]. 科技进步与对策，2019，36 (19)：131-136.

[37] 李士梅，程宇. "再工业化"背景下国有装备制造企业转型的难点与对策 [J]. 东北师大学报（哲学社会科学版），2014 (6)：264-266.

[38] 李太平，顾宇南. 战略性新兴产业集聚、产业结构升级与区域

经济高质量发展——基于长江经济带的实证分析 [J]. 河南师范大学学报（哲学社会科学版），2021，48（1）：78-87.

[39] 李想. 长江经济带创新驱动一体化发展空间非均衡性统计测度 [J]. 统计与决策，2020，36（14）：103-106.

[40] 李向荣，朱少英，刘东阳. 长江经济带科技创新效率和科技创新支撑下的经济发展效率测度分析 [J]. 重庆大学学报（社会科学版），2021，27（1）：65-76.

[41] 李燕萍，毛雁滨，史瑶. 创新驱动发展评价研究——以长江经济带中游地区为例 [J]. 科技进步与对策，2016，33（22）：103-108.

[42] 李志军. 中国城市营商环境评价 [M]. 北京：中国发展出版社，2019.

[43] 梁宇. 马克思的国家治理思想探析 [J]. 哲学研究，2015（5）：31-35.

[44] 列宁全集（第1卷）[M]. 北京：人民出版社，2013.

[45] 列宁全集（第55卷）[M]. 北京：人民出版社，2017.

[46] 林勇，张宗益. 中国经济转型期技术进步影响因素及其阶段性特征检验 [J]. 数量经济技术经济研究，2009，26（7）：73-85.

[47] 刘昌明. 中国水文地理 [M]. 北京：科学出版社，2014.

[48] 刘晗，王燕，杨文举. FDI能否推动长江经济带经济增长——基于多维门槛效应的实证检验 [J]. 经济理论与经济管理，2020（4）：100-112.

[49] 刘红，温军，张森. 金融创新、技术创新与经济增长的嵌合驱动——以陕西省为例 [J]. 统计与决策，2020，36（2）：150-152.

[50] 刘鸿渊，蒲萧亦，刘菁儿. 长江上游城市群高质量发展：现实困境与策略选择 [J]. 重庆社会科学，2020（9）：56-67.

[51] 刘林青，邓艺林. 产品密度、产品机会收益与产业升级——基于产品空间理论的实证分析 [J]. 现代经济探讨，2019（2）：73-81.

[52] 刘守英，杨继东. 中国产业升级的演进与政策选择——基于产

品空间的视角［J］．管理世界，2019，35（6）：81-94，194-195．

［53］刘小铁．我国制造业产业集聚与环境污染关系研究［J］．江西社会科学，2017（1）：72-79．

［54］刘玉凤，高良谋．中国省域 FDI 对环境污染的影响研究［J］．经济地理，2019（5）：47-54．

［55］刘志彪．运输带变黄金带：长江经济带高质量发展新定位［J］．南通大学学报（社会科学版），2019（1）：27-33．

［56］娄成武，张国勇．基于市场主体主观感知的营商环境评估框架构建——兼评世界银行营商环境评估模式［J］．当代经济管理，2018（6）：60-68．

［57］陆大道．长江大保护与长江经济带的可持续发展——关于落实习总书记重要指示，实现长江经济带可持续发展的认识与建议［J］．地理学报，2018（10）：1829-1836．

［58］罗建华，尚庆飞．邓小平"先富带动后富"思想的解读与思考［J］．南京社会科学，2015（6）：76-81，93．

［59］马海燕，于孟雨．产品复杂度、产品密度与产业升级——基于产品空间理论的研究［J］．财贸经济，2018，39（3）：123-137．

［60］马骏，周盼超．产业升级对提升长江经济带生态效率的空间效应研究［J］．南京工业大学学报（社会科学版），2020，19（2）：73-88，112．

［61］马克思．1844年经济学哲学手稿［M］．北京：人民出版社，2000．

［62］马克思恩格斯全集（第19卷）［M］．北京：人民出版社，2006．

［63］马克思恩格斯全集（第26卷）［M］．北京：人民出版社，2014．

［64］马克思恩格斯全集（第31卷）［M］．北京：人民出版社，1972．

［65］马克思恩格斯全集（第32卷）［M］．北京：人民出版社，1998．

［66］马克思恩格斯全集（第44卷）［M］．北京：人民出版社，2001．

［67］马克思恩格斯全集（第46卷下）［M］．北京：人民出版社，1980．

[68] 马克思恩格斯文集（第1卷）[M]. 北京：人民出版社，2009.

[69] 马克思恩格斯选集（第1卷）[M]. 北京：人民出版社，1972.

[70] 马克思恩格斯选集（第1卷）[M]. 北京：人民出版社，1995.

[71] 马克思恩格斯选集（第1卷）[M]. 北京：人民出版社，2012.

[72] 马克思恩格斯选集（第2卷）[M]. 北京：人民出版社，2012.

[73] 马克思恩格斯选集（第3卷）[M]. 北京：人民出版社，2012.

[74] 马克思恩格斯选集（第4卷）[M]. 北京：人民出版社，1995.

[75] 毛琦梁. 我国中西部典型城市群产业升级的机会甄别与基本路径——基于产品空间理论的研究 [J]. 西部论坛，2019，29（1）：71-83.

[76] 毛炜圣，钟业喜，吴思雨. 长江经济带战略性新兴产业创新能力时空演化及空间溢出效应 [J]. 长江流域资源与环境，2020，29（6）：1268-1279.

[77] 毛泽东选集（第一卷）[M]. 北京：人民出版社，1991.

[78] 孟祥云. 科技进步与经济增长互动影响研究 [D]. 天津：天津大学，2004.

[79] 聂辉华，韩冬临，马亮，张楠迪扬. 中国城市政商关系排行榜2018 [R]. 北京：中国人民大学国家发展与战略研究院政企关系与产业发展研究中心，2019.

[80] 裴长洪. 吸引外商投资的新增长点：理论与实践依据——最近几年外商投资重要特征分析 [J]. 中国工业经济，2009（4）：30-41.

[81] 秦晓丽，于文超. 外商直接投资、经济增长与环境污染——基于中国259个地级市的空间面板数据的实证研究 [J]. 宏观经济研究，2016（6）：127-151.

[82] 曲延芬，于楚琪. 产业集聚多样化、专业化与企业绿色技术创新效率 [J]. 生态经济，2021，37（2）：61-67.

[83] 单豪杰. 中国资本存量K的再估算：1952～2006年 [J]. 数量经济技术经济研究，2008，25（10）：17-31.

[84] 邵汉华，齐荣. 长江经济带城市创新驱动发展水平测度 [J].

城市问题, 2019 (9): 11-18.

[85] 邵兴东, 余志鹏. 高等教育投入、技术创新与经济增长动态关系研究 [J]. 黑龙江高教研究, 2020, 38 (10): 51-57.

[86] 宋林霖, 何成祥. 优化营商环境视阈下放管服改革的逻辑与推进路径——基于世界银行营商环境指标体系的分析 [J]. 中国行政管理, 2018 (4): 67-72.

[87] 孙久文, 张静. 长江经济带发展的时空演变与发展建议 [J]. 政治经济学评论, 2019 (1): 151-171.

[88] 涂尔干. 社会分工论 [M]. 渠东译. 北京: 生活·读书·新知三联书店, 2013.

[89] 汪发元, 郑军. 科技创新、金融发展与实体经济增长——基于长江经济带的动态空间模型分析 [J]. 经济经纬, 2019, 36 (4): 157-164.

[90] 汪侠, 徐晓红. 长江经济带经济高质量发展的时空演变与区域差距 [J]. 经济地理, 2020, 40 (3): 5-15.

[91] 汪宗顺, 郑军, 汪发元. 产业结构、金融规模与经济高质量发展——基于长江经济带11省市的实证 [J]. 统计与决策, 2019, 35 (19): 121-124.

[92] 王兵, 聂欣. 产业集聚与环境治理: 助力还是阻力——来自开发区设立准自然实验的证据 [J]. 中国工业经济, 2016 (12): 75-89.

[93] 王沪宁. 政治的逻辑——马克思主义政治学原理 [M]. 上海: 上海人民出版社, 2016.

[94] 王磊, 翟博文. 长江经济带交通基础设施对经济增长的影响 [J]. 长江流域资源与环境, 2018, 27 (1): 6-12.

[95] 王丽洁. 区域创新能力与经济增长动态关系研究 [J]. 统计与决策, 2016 (16): 142-144.

[96] 王林梅. 生态文明视域下长江经济带产业结构转型升级研究 [M]. 成都: 四川大学出版社, 2018.

[97] 王满仓, 吴登凯. 中国经济高质量发展的潜在增长率研究

[J]. 西安财经大学学报, 2021, 34 (1): 19-27.

[98] 王圣云, 林玉娟, 罗玉婷. 长江经济带科技创新效率变化的指数分解及聚类分析 [J]. 华东经济管理, 2018, 32 (9): 66-72.

[99] 王小鲁, 樊纲. 中国分省份市场化指数报告 (2018) [M]. 北京: 社会科学文献出版社, 2019.

[100] 魏明生. 中国共产党五十年来治理开发长江流域的历史进程和主要成就 [J]. 中共党史研究, 2000 (2): 21-27.

[101] 吴传清. 长江经济带科技型企业创新生态评价研究 [J]. 理论月刊, 2020 (11): 78-88.

[102] 吴传清, 邓明亮. 科技创新、对外开放与长江经济带高质量发展 [J]. 科技进步与对策, 2019, 36 (3): 33-41.

[103] 吴传清, 陆璇, 董旭. 长江流域地区发展规划的演变与趋势 [J]. 湖北经济学院学报, 2014, 12 (4): 53-58.

[104] 武晓静, 杜德斌, 肖刚, 管明明. 长江经济带城市创新能力差异的时空格局演变 [J]. 长江流域资源与环境, 2017, 26 (4): 490-499.

[105] 习近平. 关于《中共中央关于制定国民经济和社会发展第十四个五年规划和二〇三五年远景目标的建议》的说明 [EB/OL]. 新华网, 2020-11-03.

[106] 习近平. 决胜全面建成小康社会夺取新时代中国特色社会主义伟大胜利——在中国共产党第十九次全国代表大会上的报告 [R]. 北京: 人民出版社, 2017.

[107] 习近平. 推动我国生态文明建设迈上新台阶 [J]. 求是, 2019 (3): 4-19.

[108] 习近平. 习近平谈治国理政 [M]. 北京: 外文出版社, 2014.

[109] 习近平. 习近平谈治国理政 (第二卷) [M]. 北京: 外文出版社, 2017.

[110] 习近平在全面推动长江经济带发展座谈会上强调 贯彻落实党的十九届五中全会精神 推动长江经济带高质量发展 [N]. 人民日报,

2020 - 11 - 16 (01).

[111] 习近平. 在深入推动长江经济带发展座谈会上的讲话 [J]. 求是, 2019 (17): 4 - 14.

[112] 习近平. 在深入推动长江经济带发展座谈会上的讲话 [N]. 人民日报, 2018 - 06 - 14 (02).

[113] 习近平主持召开经济社会领域专家座谈会强调 着眼长远把握大势开门问策集思广益 研究新情况作出新规划 [N]. 人民日报, 2020 - 08 - 25 (01).

[114] 习近平主持召开中央全面深化改革领导小组第七次会议强调 鼓励基层群众解放思想积极探索 推动改革顶层设计和基层探索互动 [N]. 人民日报, 2014 - 12 - 3 (05).

[115] 习明明. 长江经济带创新环境对科技创新效率影响的实证研究 [J]. 江西财经大学学报, 2019 (3): 19 - 29.

[116] 席大民.《德意志意识形态》中的交往思想何以被误读和低估 [J]. 天津社会科学, 2012 (4): 10 - 17.

[117] 萧君玮. 崇明附近江域漂浮外来垃圾带 [N]. 新民晚报, 2016 - 12 - 23.

[118] 谢元鲁. 长江流域交通与经济格局的历史变迁 [J]. 中国历史地理论丛, 1995 (1): 27 - 44.

[119] 徐娟, 李毅, 苑小娟, 陈荆松. 长江经济带地区经济增长驱动因素分析 [J]. 宏观经济研究, 2018 (2): 112 - 125.

[120] 徐孝新, 李颢. 生产能力禀赋与中国产业转型升级路径——基于产品空间理论的视角 [J]. 当代财经, 2019 (2): 98 - 107.

[121] 许和连, 邓玉萍. 外商直接投资、产业集聚与策略性减排 [J]. 数量经济技术经济研究, 2016 (9): 112 - 128.

[122] 许和连, 邓玉萍. 外商直接投资导致了中国的环境污染吗?——基于中国省际面板数据的空间计量研究 [J]. 管理世界, 2012 (2): 30 - 43.

[123] 亚当·斯密. 国民财富的性质和原因的研究 [M]. 郭大力, 王亚南, 译. 北京: 商务印书馆, 2002.

[124] 闫逢柱, 苏李, 乔娟. 产业集聚发展与环境污染关系的考察——来自中国制造业的证据 [J]. 科学学研究, 2011 (1): 79-83.

[125] 严翔, 成长春, 周亮基. 长江经济带经济发展—创新能力—生态环境耦合协调发展研究 [J]. 科技管理研究, 2017, 37 (19): 85-93.

[126] 杨恺钧, 王婵. 双向FDI、环境规制与环境污染——基于长江经济带面板数据的门槛模型分析 [J]. 管理现代化, 2018 (4): 75-77.

[127] 杨仁发. 产业集聚、外商直接投资与环境污染 [J]. 经济管理, 2015 (2): 11-19.

[128] 易淼. 流域分工视角下长江经济带高质量发展初探——一个马克思主义政治经济学的解读 [J]. 经济学家, 2019 (7): 51-59.

[129] 易淼, 赵磊. 当前我国利益关系失衡的理性审视——基于马克思主义"共同利益—特殊利益"的矛盾分析 [J]. 西部论坛, 2015, 25 (3): 32-37.

[130] 易淼. 中国特色社会主义共享发展之路: 从利益共享到经济发展 [M]. 北京: 经济科学出版社, 2020.

[131] 殷李松, 贾敬全. 长江经济带科技创新对经济增长的空间溢出效应检验 [J]. 统计与决策, 2019, 35 (16): 138-142.

[132] 俞可平. 更加重视社会自治 [J]. 人民论坛, 2011 (6): 8-9.

[133] 俞可平. 推进国家治理体系和治理能力现代化 [J]. 前线, 2014 (1): 5-8, 13.

[134] 袁海萍. 知识溢出对区域经济增长的影响研究 [J]. 经济管理文摘, 2019 (12): 11-12.

[135] 袁茜, 吴利华, 张平. 长江经济带一体化发展与高技术产业研发效率 [J]. 数量经济技术经济研究, 2019, 36 (4): 45-60.

[136] 约翰·福斯特, 刘仁胜. 历史视野中的马克思的生态学 [J]. 国外理论动态, 2004 (2): 34-36.

[137] 约翰·伊特韦尔等编. 新帕尔格雷夫经济学大辞典（第1卷）[M]. 陈岱孙译. 北京：经济科学出版社，1996.

[138] 张广振. 劳动分工经济学说史 [M]. 上海：格致出版社，上海三联出版社，上海人民出版社，2015.

[139] 张津瑞，施国庆. 公共基础设施资本存量对区域经济增长的影响——以长江经济带为例 [J]. 长江流域资源与环境，2019，28（7）：1552-1562.

[140] 张可，汪东芳. 经济集聚与环境污染的交互影响及空间溢出 [J]. 中国工业经济，2014（6）：70-82.

[141] 张鹏飞，谢识予. 长江经济带一体化发展促进了产业结构转型升级吗？ [J]. 经济体制改革，2020（6）：178-184.

[142] 张其仔，李颢. 中国产业升级机会的甄别 [J]. 中国工业经济，2013（5）：44-56.

[143] 张三保，康璧成，张志学. 中国省份营商环境评价：指标体系与量化分析 [J]. 经济管理，2020（4）：5-19.

[144] 张姗姗，张磊，张落成，高爽. 苏南太湖流域污染企业集聚与水环境污染空间耦合关系 [J]. 地理科学，2018（6）：954-962.

[145] 张亭，刘林青. 中美产业升级的路径选择比较——基于产品空间理论的分析 [J]. 经济管理，2016，38（8）：18-28.

[146] 张亭，刘林青. 中美知识产权密集型产业发展形态与路径选择的比较研究——基于产品空间理论的实证分析 [J]. 宏观质量研究，2018，6（1）：95-108.

[147] 张治栋，秦淑悦. 产业集聚对城市绿色效率的影响——以长江经济带108个城市为例 [J]. 城市问题，2018（7）：48-54.

[148] 郑建锋，曾冰，孔令池. 城镇化—金融集聚协同发展的经济增长效应研究——以长江经济带为例 [J]. 华东经济管理，2017，31（4）：44-51.

[149] 郑强，冉光和，邓睿，谷继建. 中国FDI环境效应的再检验

[J]. 中国人口·资源与环境, 2017 (4): 78-86.

[150] 中共中央关于坚持和完善中国特色社会主义制度 推进国家治理体系和治理能力现代化若干重大问题的决定 [N]. 人民日报, 2019-11-06 (01).

[151] 中共中央关于制定国民经济和社会发展第十三个五年规划的建议 [N]. 人民日报, 2015-11-04.

[152] 中共中央文献研究室. 邓小平年谱: 1975-1997 (下) [M]. 北京: 中央文献出版社, 2007.

[153] 中国共产党第十八届中央委员会第三次全体会议文件汇编 [M]. 北京: 人民出版社, 2013.

[154] 中国共产党章程 [N]. 人民日报, 2017-10-29 (01).

[155] 钟飞腾, 凡帅帅. 投资环境评估、东亚发展与新自由主义的大衰退——以世界银行营商环境报告为例 [J]. 当代亚太, 2016 (6): 118-154.

[156] 周兵, 胡振兴. 长江经济带结构性去杠杆与经济增长研究 [J]. 华东经济管理, 2020, 34 (6): 73-83.

[157] 周绍森, 胡德龙. 保罗·罗默的新增长理论及其在分析中国经济增长因素中的应用 [J]. 南昌大学学报 (人文社会科学版), 2019, 50 (4): 71-81.

[158] 周文, 何雨晴. 国家治理现代化的政治经济学逻辑 [J]. 财经问题研究, 2020 (4): 12-19.

[159] 周叶中, 庞远福. 论党领导法治中国建设的必然性与必要性 [J]. 法制与社会发展, 2016, 22 (1): 30-47.

[160] 周易 [M]. 朱熹注. 上海: 上海古籍出版社, 1995.

[161] 邹俊. "中国制造2025" 战略下推进国有企业转型升级的难点及对策 [J]. 经济纵横, 2015 (11): 78-82.

[162] Adam Antonis, Garas Antonios, Lapatinas, Athanasios. Economic complexity and jobs: an empirical analysis [R]. MPRA Paper 92401, University Library of Munich, Germany, 2019.

[163] Ahmad N, Hoffman A. A framework for addressing and measuring entrepreneurship [R]. OECD Statistics Working Papers, 2007.

[164] Albeaik S, Kaltenberg M, Alsaleh M, et al. Improving the economic complexity index [J]. Papers, 2017.

[165] Andres Gomez-Lievano, Oscar Patterson-Lomba. The drivers of urban economic complexity and their connection to urban economic performance [J]. Papers, 2018.

[166] Antweiler W, Copeland B R, Taylor M S. Is free trade good for the environment? [J]. American Economic Review, 2001, 91 (4): 877-908.

[167] Balassa B. Trade liberalization and revealed comparative advantage [J]. The Manchester School of Economics and Social Studies, 1965 (33): 99-123.

[168] Benno Ferrarini, Pasquale Scaramozzino. The product space revisited: China's trade profile [J]. The World Economy, Wiley Blackwell, 2015, 38 (9): 1368-1386.

[169] Dam A V, Frenken K Variety. Complexity and economic development [J]. Papers in Evolutionary Economic Geography (PEEG), 2019.

[170] Gao J, Zhou T. Quantifying China's regional economic complexity [J]. Physica A Statistical Mechanics and Its Applications, 2018 (492): 1591-1603.

[171] Geert M J Termeer. The theory of "Economic Complexity And Product Space": What it means for economic development in general, and for bulgaria in specific [J]. Entrepreneurship, 2019, 7 (2): 172-185.

[172] Hamid Sepehrdoust, Razieh Davarikish, Maryam Setarehie. The knowledge-based products and economic complexity in developing countries [J]. Heliyon, 2019, 5 (12).

[173] Hartmann D, Guevara M R, Jara-Figueroa C, et al. Linking economic complexity, institutions, and income inequality [J]. World Develop-

ment, 2017 (93): 75 -93.

[174] Hausmann R, Hidalgo C A, Bustos S, Coscia M, Simoes A, Yildirim M. A. The Atlas of Economic Complexity: Mapping Paths to Prosperity [M]. Mit Press, 2014.

[175] Hausmann R, Hidalgo C, Stock D P, et al. Implied comparative advantage [J]. SSRN Electronic Journal, 2014.

[176] Hausmann Ricardo, Klinger Bailey. Structural transformation and patterns of comparative advantage in the product space [R]. CID Working Paper, No. 128, 2006.

[177] Hausmann R, Klinger B. The evolution of comparative advantage: The impact of the structure of the product space [R]. CID Working Paper. 2006.

[178] Hausmann R, Klinger B. The structure of the product space and the evolution of comparative advantage [R]. CID Working Papers, 2007.

[179] Hidalgo C A, Hausmann R. The building blocks of economic complexity [J]. Proceedings of the National Academy of Sciences, 2009, 106 (26): 10570 -10575.

[180] Hidalgo C A, Klinger B, Barabási A-L, Hausmann R. The product space conditions the development of nations [J]. Science, 2007, 317 (5837): 482 -487.

[181] Hidalgo César A. The dynamics of economic complexity and the product space over a 42 year period [R]. CID Working Paper Series, 2009: 189.

[182] Jankowska A, Nagengast A, Perea J R. The product space and the middle-income trap: Comparing Asian and Latin American experience [R]. OECD Development Center Working Paper, 2012: 311.

[183] Kalia R, Reyesa J, McGeeb J. Growth networks [J]. Journal of Development Economics, 2013 (101): 216 -227.

[184] Keller W, Levinson A. Pollution abatement costs and foreign direct investment inflow to US States [J]. Review of Economics and Statistics,

2002, 84 (4): 691-703.

[185] Lapatinas Athanasios, Garas Antonios, Boleti Eirini, Kyriakou Alexandra. Economic complexity and environmental performance: Evidence from a world sample [R]. MPRA Paper 92833, University Library of Munich, Germany, 2019.

[186] Leamer Edward E. Sources of Comparative Advantage: Theory and Evidence [M]. Cambridge MA: The MIT Press, 1984.

[187] Li X, Liu X. Foreign direct investment and economic growth: An increasingly endogenous relationship [J]. World Development, 2005, 33 (3): 393-407.

[188] Markusen J R, Venables A. Foreign direct investment as a catalyst for industrial development [J]. European Economic Review, 1999, 43 (2): 335-356.

[189] Mercedes Campi, Marco Duenas, Giorgio Fagiolo. How do countries specialize in food production? A complex-network analysis of the global agricultural product space [J]. LEM Papers Series, 2019 (37).

[190] Neagu O, Teodoru M. The relationship between economic complexity, energy consumption structure and greenhouse gas emission: Heterogeneous panel evidence from the EU countries [J]. Sustainability, 2019, 11 (2).

[191] Ning L, Wang F. Does FDI bring environmental knowledge spillovers to developing countries? The role of the local industrial structure [J]. Environmental and Resource Economics, 2017, 71 (5): 381-405.

[192] Penny Mealy, J Doyne Farmer, Alexander Teytelboym. Interpreting economic complexity [J]. Science. Advances, 2019, 5 (1): eaau1705.

[193] Seyyedmilad Talebzadehhosseini, Steven R Scheinert, Amirarsalan Rajabi, Mostafa Saeidi, Ivan Garibay. The pattern of economies green growth: The role of path dependency in Green Economy expansion [J]. Paper, 2019.

[194] Solarin S A, Almulali U, Musah I, Ozturk I. Investigating the

pollution haven hypothesis in Ghana: An empirical investigation [J]. Energy, 2017, 124 (1): 706 -719.

[195] The Economist Intelligence Unit. Business environment ranking and index 2014 [R]. The Economist Intelligence Unit, 2014 -05 -21.

[196] The World Economic Forum. The Global Competitiveness Report [R]. 2017 -03 -20.

[197] Verhoef E T, Nijkamp P. Externalities in urban sustainability: Environmental versus localization-type agglomeration externalities in a general spatial equilibrium model of a single-sector monocentric industrial City [J]. Ecological Economics, 2002, 40 (2): 157 -179.

[198] Vinkanen J. Effect of urbanization on metal deposition in the bay of southern finland [J]. Marine Pollution Bulletin, 1998, 36 (9): 729 -738.

[199] World Bank Group. Doing Business 2020 [R]. The World Bank, 2019 -10 -23.

[200] Xiaofei Qi, Bingxin Zhao, Jianghua Zhang, Wenwen Xiao. The drawing of a national blue product space and its evolution [J]. Marine Policy, 2020, 2 (112).

后　记

长江流域由于物产丰饶、交通便利、人口稠密等得天独厚的优势，历来是中国经济最为发达的地区之一。作为重大国家战略发展区域，长江经济带连接了东中西三大板块的多个国家级中心城市、区域级中心城市和跨省区城市群，所具有的经济发展、区位和人口优势对于畅通国内国际大循环，实现经济高质量发展具有极为重要的战略意义。本书定位长江经济带高质量发展的迫切现实需要，从"创新、协调、绿色、开放、共享"五个维度探讨了长江经济带建设在创新发展、协调发展、绿色发展、开放发展、共享发展等方面如何实现新作为，并结合"双循环"新发展格局下的营商环境优化和国家治理水平提升探讨以国家治理现代化和营商环境市场化、法治化、国际化，推动长江经济带高质量发展，进而发挥上层建筑和经济制度积极作用的可行路径。

本书是重庆工商大学易淼教授、刘斌副教授、李月起副教授带领项目团队共同完成的成果，是近年来围绕长江经济带建设这一国家战略进行的系列研究的阶段性总结。各章节撰写分工如下：前言和第1章由易淼、刘斌和李月起合作撰写；第2章由刘斌撰写；第3章由饶晓萍撰写；第4章由易淼、李月起撰写；第5章由刘斌撰写；第6章由彭卓、李灵芝和易淼合作撰写；第7章由刘斌撰写；第8章由易淼、陈雨淼和李月起合作撰写。

本书的写作得到了重庆工商大学长江上游经济研究中心和经济学院领导和同事的帮助和支持，重庆工商大学刘晗副教授为本书部分章节实证数据的获取提供了无私的帮助，在本书数据搜集和书稿整理等方面也得到了

后 记

多位研究生同学的鼎力支持,在此表示深深感谢;同时,在本书出版过程中,经济科学出版社的编辑老师给予了大力的支持,并做了大量的工作,在此表示诚挚感谢。

在本书的撰写过程中,我们参考学习了多位同行学者的相关研究成果,这些成果在本书的注释和参考文献中得到了反映,我们向这些优秀文献资料的学界同仁们一并表示感谢。当然,限于本书作者的学识水平,书中难免存在错漏之处,恳请阅读本书的学界同仁不吝指正!

作者

2021 年 6 月